朝日新書
Asahi Shinsho 684

50歳からの孤独入門

齋藤　孝

朝日新聞出版

はじめに　やがてくる孤独に備えるために

誰でも45歳ぐらいになると、はたと気がつくことがあります。昔のようにお酒を飲めない。ちょっと寝不足が続くときつくなる。夕方になると目が霞んでくる、いよいよ老眼が始まったのかもしれない……。

40歳になったばかりの頃なら、30代の勢いがまだ残っており、体力や気力のバランスが取れて快調な時期ですから、あまり自分を中年だと感じることはありません。

しかし45歳ぐらいから、何となく陰りが出てきます。「初老期うつ病」といわれる症例もあるそうですが、そこまで行かずとも何となく気分がすぐれない。

そしていよいよ50歳を迎え、放っておくと「何だかな……」とつぶやいてしまうようになることが、とくに男性には多いように思います。

それは一つには、仕事上の悩みが増す時期にさしかかるからではないでしょうか。みなさんは、自分のしてきた努力は必ず報われるという信念に基づいて、仕事に頑張ってこられたと思います。しかし50歳とは、会社での立場が頭打ちになって、その後の向上があまり見込めないような限界感と向き合わざるを得ない時期です。役職から外されて年下の元部下から指示を受けるような立場になったり、出向の打診を受けたり。最近では大企業の早期退職募集の話をよく聞きます。

一方で、両親の介護が始まったり、子どもの教育に心を砕くことが増えたりと、家庭内でも問題に直面することが増えてきます。

そして次に待ち受けているのが「孤独」です。

子どもが進学や就職、結婚などで親元を離れる年齢を迎えます。両親を看取るという状況も待ち構えています。青春時代を共に過ごした友人との悲しい別れも起こるでしょう。もしかしたら熟年離婚という道を選択する方もいらっしゃるかもしれません。

こうして50歳を過ぎる頃には、多くの人が孤独感を抱えることになります。秋が深まった後に必ず来る冬のような、人生の寂しさを体験するのです。

老いと死が見えてきた50歳以降の孤独との付き合い方は、生と死の折り合い、つまり最期は自分一人で死んでいかなければならないという覚悟を培うことです。

50歳という人生の大きな転機をまさに迎えた、あるいはこれから迎えるみなさんと共に、この孤独をどうやって乗り越えたらよいかを考えることが、本書の目的です。

第1章では、50歳という年齢が人生の中でどのように位置づけられるのか、そのとき迎える危機にはどのようなものがあるのかを見ていきます。続いて第2章では、50歳になったときに抱きがちな後悔や嫉妬といった、孤独感の元となるネガティブな感情と向き合います。

そのうえで第3章では、孤独と上手に付き合いながら後半生を充実して過ごすためのケーススタディを行います。先にヒントを挙げておくと、もう競争には参加しなくてもいいと思えることが重要になってきます。

第4章は、私自身の「孤独体験」を振り返りながら、そこから脱出するために私がどのようなことを心掛けてきたかを披露することにします。少しでもみなさんの参考になれば幸いです。第5章のテーマは50歳の恋愛です。まだまだ自分はイケているはず？

そんな思い込みをなくし、50代は決してモテないという現実と折り合いを付けましょう。

そして第6章では、避けて通れないかけがえのない人との別れの悲しみをどう受け止めるか、さらにいよいよリアルなものとして迫ってきた自らの「死」の恐怖をどうやって克服すればよいか、先人たちの残してくれた教訓を踏まえて考えていきます。

最近「人生100年時代」ということが盛んに言われています。実際、厚生労働省が発表した2017年の調査では、日本で100歳以上の方は6万7千人。さらに国立社会保障・人口問題研究所の推計では、2050年には100歳以上の方は53万人にも上るといいます。

100歳まで生きるとすれば、50歳はまだ折り返し地点です。余生と言うにはあまりに長い残りの人生を、ため息をつきながら過ごすのではもったいない。ここを充実して過ごせれば、人生の最後に有意義な生涯だったと言い切ることができます。

孔子の言葉に「五十にして天命を知る」とあります。私自身、この本を書いている現在は57歳。まだまだ人生後半が始まったばかりです。

この長い期間を幸せに過ごす方法を、みなさんと一緒に考えていきたいと思います。

50歳からの孤独入門　　目次

第2章　後悔・自責・嫉妬——マイナスの感情と折り合いをつける

第3章　人間ぎらいという成熟

第4章　孤独の時代を越えて

第5章　最後の恋を夢見ない

編集協力：松本秀介
帯写真：読売新聞／アフロ

第1章

50歳クライシス

アイデンティティを奪われる50歳

最近、役職定年という制度を導入する会社が増えています。文字通り、ある年齢に達すると、能力や業績にかかわらず部長や課長といった役職を解かれてしまうものです。その適用年齢は、55歳ぐらいに設定している会社が多いようです。

役職定年になると、たとえば一回りぐらい若い人の指示を受けながら、仕事をしなければならなくなります。仕事をこなすことに問題はなくても、どうしても気分はいいものではない。これまで勤めてきた会社に貢献したい気持ちが残っていても、そのような扱いをする会社に対して忠誠心が薄れてしまうといったことだってあるでしょう。

組織における地位が、自分のアイデンティティになってしまっているような方にとって、その地位を剝奪されるというのはすごく寂しい気がするはずです。日本には、年功序列という考え方がまだまだ強く残っています。自分より年下の、ましてや昨日までは部下だった者の下に付くということは、どうしても堪え難いものです。

私たちは、人生の積み重ねのなかで得た人間としての価値と、組織における地位というものを重ね合わせる傾向があります。それが、もうこれ以上上がっていかないどころか、逆に下げられてしまうわけです。自分の価値がないがしろにされたように感じ、人生の秋がひしひしと迫ってきたような思いにとらわれてしまうかもしれません。

課長である、部長であるということは、その会社内における役割に過ぎませんが、それを自分の今までの努力によって獲得した到達点だというように考えてしまうと、そこが崩れることで自分自身も崩れる気がしてしまうのです。

そんなとき自分のプライドを保つために、「いまさら若い人の下に入れるか」と、会社を辞めるという方法もあると思います。けれども現実的には、飛び出した先に良い条件の会社があるとも限りません。いまの会社に留まるという選択をせざるを得ない人も多いはずです。まさにここで、自分のこれまでの努力と、その結果としての現在の地位との折り合いをいかに付けるかという問題が出てきます。寂しさ、虚しさをいかに受け止めるかということです。

仕事はできるのに給料半減

定年後の再雇用の問題も同じです。

長い間、多くの日本の企業は、定年を60歳に設定していました。しかし高齢化社会の進展から、年金の支給開始年齢が段階的に65歳まで引き上げられることになったため、国は２００６年から高年齢者雇用安定法に則り、企業に対して支給開始年齢までの雇用確保を義務づけました。多くの企業では、60歳でいったん定年としたのち、１年契約の契約社員として雇う「再雇用」を導入しているようです。

問題なのはこの再雇用の際に、賃金水準の見直し、早い話が給料の大幅な減額となるケースが一般的なことです。調査によれば、５割程度にまで下がってしまうこともあるようです（ただしそれにも限度はあるようで、２０１８年3月には、再雇用契約の際に賃金の75％カットを提示した企業に対して、不法行為であると認定した最高裁判決がありました）。

60歳になったからといって、いきなり仕事の能力が半分に下がってしまうなんてことはあり得ません。むしろまだまだ働き盛りの年齢であり、長年の経験から若い社員よりよほど仕事ができるのも当然です。

それなのに給料が半分に下がってしまうのでは、不満も大きいでしょうし、プライドを傷つけられたと考えてしまうのもやむを得ません。

自分にいくらの値が付くのか?

ここで大切なのは、自分はなぜ働いているのかという本来の目的に立ち返ることです。たいていの人にとっては「生活のため」ということだと思います。自分の労働力を会社に売り、お金にして返してもらう。そのことによって自分の生活を維持していく。

そうであれば、別に今の会社にすべてをなげうたなければならないという義理はありません。自分に対する会社の評価が変化したのであれば、その労働力を、より高く買ってくれる別の会社に売るという選択もあり得るわけです。

でも、労働市場に自分を放り出したときに、どれだけの値が付くのか。年収600万円なのか400万円なのか。身も蓋もない考え方ですが、実力云々を言ったところで、それをいくらで買うかは、買う側が決めることです。いずれにしても、自分の希望する値が付かないといったときに、それを受け入れるのかという判断を迫られます。

大切なのは、たとえ市場における評価が低かったからといって、プライドが傷つく必要はないということです。「あなた」という人間としての価値を評価しているわけではないのですね。いまの経済社会がそういうシステムで動いているということです。

であれば、個人として戦う相手ではない、すなわちプライドの問題ではなくなります。「役職定年」も「再雇用」も、会社が生き延びるためのシステムなんだ。高齢化が進んだ現在の社会を維持するためのシステムの問題なんだ。このように個人の問題から離して考えたほうが、自分の心を守りやすいのではないかと思います。

会社組織の新陳代謝

実際、会社という組織が継続していくためには、役職定年や再雇用後の給料の減額は仕方のない側面もあります。たとえば『24 ―TWENTY FOUR―』のようなアメリカのドラマを見ていると、自分より若い上司の下になるのは、まったく普通のこと。CTUの中で、ジャック・バウアーは年下のトニー・アルメイダの部下になったこともあります。それがアメリカの組織社会の常識です。

そのことで、プライドが傷つくという発想はありません。その地位にあるときにその地位で求められる仕事をし、地位を解任されればまた元に戻るだけ。解雇だって日常茶飯事。アメリカのドラマを見ていると、非常に目まぐるしく動いていることがわかります。

深沢七郎の『楢山節考《ならやまぶしこう》』は、姥捨《うばすて》の伝説に題材を取った物語です。舞台となる信州の山々の間のある村では、70歳になると「楢山まいり」に行かなければならないというしきたりがあるとされます。つまり、口減らしのために、老人は山に捨てられるということです。それは、食料の乏しいこの村で、新しく生まれる命を育て、人々が生きていくために仕方のないことでした。

その村で69歳になるおりんは、山に行く日を心待ちにしています。いつまでもみんなの負担になりたくないという思いからです。なにしろ年を取っても歯が丈夫なのが恥ずかしいといって、自分で火打石で叩いて歯を折ろうとしているくらいなのです。一方おりんの息子の辰平は、母親を山へ捨てに行く日を少しでも引き延ばしたいと考えていますが、とうとうその日がやって来てしまいます。

あくまでも寓話ですし、極端な話です。しかし、あえてこれを会社にたとえてみれば、事業を続けていくためには新しい人を雇い入れて、給料を払わなければならない。そのためには、いまいる社員の給料を減らす、あるいは辞めてもらうことも必要になってくる、ということになります。

そういう新陳代謝が起こるのはむしろ当然であり、個人の問題として捉えないことが重要だと思います。あくまで「あなた」だから降格させるのではないということです。姥捨というのは言うまでもなく、非常によくない考え方ですが、組織というのはどこかそうしないと回らないところもあります。給料が生産性に比べて高過ぎる人が抜ければ、組織の負担を減らせるのですから。

再雇用は屈辱の選択か？

それに、たとえばあなたが「再雇用を望むのであれば、年収は60％になりますがいいですか？」というオファーを受けたとします。そうすることによって、働いていられる期間が60歳から65歳まで延びるのであればありがたいという考え方もできます。もっと言えば、3割～4割になっても70歳まで働けるとしたら、そちらのほうが安定した生活にはいいという人もいそうです。再雇用時に給料が下がったとしても、決して屈辱の選択を強いられたなんて思い込む必要はないのです。

そう考えると、社員の中から自主的に辞める者を募る「早期退職制度」もあながち悪いものとは言えないでしょう。私の大学にも、企業の早期退職制度を利用して転じてきた方がいらっしゃいます。

早期退職には割増退職金がもらえるなどのプラス面もありますから、これを選択できるというのは、とても恵まれたポジションにいるという証拠です。

もし新しい道に踏み出そうという気持ちがあるのなら、あまり年齢がいってから始めるより、少しでも早いほうがその後の人生に推進力がつくと思います。セカンドライフ、サードライフを考えているなら、定年を待たずにそうした選択を考えてもよいでしょう。

イチローを見よ

一つヒントになるのが、プロスポーツ選手、とりわけ米メジャーリーグ（MLB）の選手の考え方です。2018年シーズンがまだ開幕して間もない5月初め、シアトル・マリナーズのイチロー選手が会長付特別補佐に就任し、同シーズンのその後の試合には出場しないことが発表されました。2019年以降については未定で、まだ選手として試合に出場する可能性も残されているとはいえ、大多数のメディアは「事実上の引退」という報じ方をしています。

イチロー選手は2017年シーズン終了後、在籍していたマイアミ・マーリンズを自由契約となりました。その後所属先がなかなか決まらず、新シーズンのキャンプもすでに始まった3月に入ってから、ようやく古巣のマリナーズが手を差し伸べたという経緯がありました。

メジャーリーガーの場合、それまでどんなに実績があったとしても、年俸はその時点での期待度からシビアに判断されます。それまで年間10億円、20億円もらっていた選手が、再契約を結ぶときに、10分の1以下になったりすることも珍しくありません。

イチロー選手も、全盛期には約20億円ともされた年俸が、今シーズンはメジャーリーガーの最低保証額と同じ約6000万円とも言われていました（実際は出来高も含めて、総額2億円程度の契約であるとの報道もあります）。

純粋に実力を考えるなら、30分の1（2億円だとすれば10分の1）になったわけではないでしょう。でも30分の1の評価しか受けられない。この落差に対して、自分自身でどのように折り合いをつけていくか。

選手としてやっていきたいということが第一なのであれば、たとえ給料が30分の1になったとしても、感謝して続けることは不思議ではありません。イチロー選手も、そのような選手でいられる道を選んだわけです。2019年シーズン以降、イチロー選手のユニホーム姿を見ることは、果たしてできるでしょうか。

イチロー選手の例から考えられるのは、ここまで努力して向上してきた人がそれ以上は上を望めない立場になったときに、どう現実と折り合いをつければいいのかということです。

あくまで現役ということを大事にするのなら、お金の評価はまた別の問題と整理する。役職があるかないかなんて別の問題で、最低限の給料をもらえればいい。そういうふうにプライドの問題を整理できれば楽になると思います。

現実に対して自分をアジャストする

折り合いをつけるというと、何か諦めろと言っているように聞こえるかもしれません。しかしこれはネガティブなことではないのです。

たとえばMLBロサンゼルス・エンゼルスの大谷翔平選手が活躍している姿を見て、評論家の方たちはよく、「大谷選手はアジャストする能力が高い」と言います。メジャーリーグという日本とは異質の野球への適応力に優れているということです。

これを現実生活に対して自分自身をアジャストしていくということで考えれば、適応力があれば虚しさに襲われないということでもあります。虚しさ、不安の正体とは、現実の状況が変わっているのに自分の気持ちを変えることができないでいることで生じる、気持ちのズレだと思います。

現実に適応していくために必要なのが、現在の自分が一体どんなふうに他人から見られているかを知ることです。その客観的な評価を自分の主観的な評価とすり合わせて、自分の主観的な評価が高過ぎる場合には、「ああ、自分はそこまでは評価されていないんだな」と受け入れて現実にアジャストしていく。

こうやって一度折り合いをつけられれば、次につらい局面が訪れても、乗り切ることができるはずです。

連載打ち切りで学んだこと

私の場合は、雑誌の連載が終了を迎える経験を多くしています。40代半ばの頃、「打ち切り」と言ってよいようなことがあり、その時は「そんなに評価されていなかったのか」と大変ショックを受けました。出版社に文句を言うことこそありませんが、自分の中に憤懣やるかたない気持ちや、一方で虚しさや力の足りなさへの残念な気持ちを感じたりしました。しかし不思議なもので、2回目に同じような経験をした時には、「そういうこともあるな」と素直に受け入れることができたのです。

ネガティブな状況をやり過ごすために、気持ちを慣れさせ過ぎているのではないか。あるいはそのことで、向上心が失われるのではないかと思われるかもしれません。でも、実際にはそうではないのです。

私はその時「雑誌は生き物という通り、そのサイクルに自分は組み込まれていただけなんだ。自分の連載が終わらなければ、新しい人は始められないわけだから、連載打ち切りは、雑誌の生命を保つ方法として自然なものだな」と気がついたのです。それ以降、私は編集者から連載終了を切り出されても、「わかりました！」と笑顔で受け入れられるようになりました。

そうした折り合いのつけ方を一度学ぶと、また何かあったときに「ああ、これもあのときと同じだな」と受け入れられるようになります。逆にそれができなければ、いつまでも過去の成功体験に振り回されて、自分がつらくなるばかりです。

ミケランジェロの不幸

仕事とアイデンティティの折り合いのつけ方という点で私が思い出すのが、ルネサンスの巨人といわれるミケランジェロです。

彼の代表作の一つに、システィーナ礼拝堂の巨大な天井画があります。私も実際に見て、その荘厳さに言葉を失いました。でも絵画としてのすごさを褒め称える人は多くても、それを描いていたミケランジェロの体を心配する人はいないでしょう。

ロマン・ロランの『ミケランジェロの生涯』を読むと、ミケランジェロはこの天井画を描くのが嫌で嫌で仕方がなかったことがわかります。想像してみればわかりますが、天井画を描くにはずっと顔を上に向けて作業しなければならないのです。首は痛いし視力は落ちるし（したたる絵の具で顔が汚れることも、当人はとても気に入らなかったようです）、ミケランジェロはとにかく大変な思いをしたようです。

それだけではありません。この天井画に取りかかったことで、その間は本来自分のもっともやりたい彫刻ができなくなってしまったことが、ミケランジェロにとっては、何よりつらかったのです。

「もう我慢できず死にそうだ。悪運は自分がやりたいことをさせてくれない。……苦しくて死にそうだ」。ミケランジェロは当時の思いをこんな手紙にしたためています。

ミケランジェロにとって、絵画は自分の領域ではないという思いがあります。でもあまりにうまいので、頼まれてしまった。しかも頼んできたのはローマ教皇ユリウス2世というのですから、断れるわけもありません。

彫刻家としてのミケランジェロは神がかり的で、大理石の石切場に行くと、原石の塊の中にこんな彫刻が埋まっているというふうに見えたと言います。バチカン市国のサン・ピエトロ寺院に行くと、入ってすぐ右手のところに「サン・ピエトロのピエタ」と呼ばれる大理石彫刻があります。ピエタとは、処刑されたキリストの亡骸を抱きかかえる聖母マリアを描いた芸術作品のことを言いますが、この「サン・ピエトロのピエタ」は、数あるピエタ像の中でも、比肩するもののない大傑作と言われます。あれを一つの石から彫り起こすというのは、もはや人間業ではありません。

そんな天才ミケランジェロですら、自分の本分ではない仕事を請け負ってやっていたと思うと、ただの会社員である自分が、少し得意でないことを命じられて不満に思うなんて、なんてちっぽけなことかと思えてきます。

いくらシスティーナ礼拝堂の天井画といっても、たとえばルネサンス期の巨人の一人であるラファエロならできたかもしれない。しかし彫刻は、ミケランジェロが突出した存在です。システィーナ礼拝堂の天井画の制作には、1508年から1512年の4年間を要しています。もしこの期間を彫刻にあてていれば、もっと傑作が生み出せたかもしれない。それは、当のミケランジェロ自身が一番わかっていたでしょう。

それでも、「業務命令」に服してやったということです。この本を読んでいるみなさんには、今すぐお手元のスマートフォンで検索して、システィーナ礼拝堂の天井画のカラー写真を見ていただきたいと思います。もちろんミケランジェロと私たちとではレベルが違い過ぎますが、たとえ得意ではないことでも、言われた仕事をきちんと一定の水準でこなす。そして、自分が本分にできるような仕事と巡り会うのを待つ。こう考えてみてはどうでしょうか。

50歳にもなると仕事に対して〝贅沢〟になっていますから、面倒な仕事はやりたくないとか、やりたいけれども時間がないと思ってしまいがちです。そのときにミケランジェロを思い出すのです。

自分がやりたい仕事は別にあるのに、他の仕事を押し付けられてそれができない。そんなミケランジェロの悩みは、50歳になってからのほうがより共感できると思います。

芸術家は死後にしか評価されない

自分には才能があるのに理解されない、自分の能力がきちんと評価されていないという悩みをお持ちの方は多いと思います。そうした場合に、芸術家の生き方はとても参考になります。

どんなに才能があっても、生きている間はまったく評価されないということは、絵画の世界ではむしろ当たり前です。ゴッホしかり。モディリアーニは、貧困の中で35歳で夭折した後に評価が高まり、作品の価格が高騰していきます。

ポスト印象派絵画の巨匠として知られるセザンヌも、生前はほとんど評価されていません。アンリ・ペリュショの『セザンヌ』によれば、彼は当初展覧会に出品しても落選続きでした。悩んでいたセザンヌは、彼の先輩格に当たる、印象派の代表的画家の一人であるピサロから「表に出て、日の光のもとで描いてみよう」と誘われます。それまで暗いタッチの作品ばかり描いていたセザンヌは、このアドバイスから明るい色調も取り入れ、自分のスタイルに目覚めて一目置かれるようになっていきます。

彼らの生涯は、私たちに「人生を懸ける」ということの意味を教えてくれます。才能があるかないかということさえ、よくわからなくてもそこに懸けていく。それは評価を期待しないという生き方でもあります。

評価とは関係なく、表現することそれ自体に意味がある。そう考えれば、会社員は芸術家とは対極のようですが、どこかで仕事とは自分を表現することだと思って取り組めばよいのです。評価は後世の人が決めるとうそぶくくらいの大きい気持ちで、仕事を作品化していく。そうすれば、自分の仕事が埋もれてしまう虚しさから、解放されるのではないかと思います。

それに、自分の仕事が後世になって評価されることも、あながちないとは言い切れません。たとえば商品のパッケージデザインです。その商品が流通していた当時はまったく顧みられることがなかったとしても、後から「この時期のガムの包装紙は、デザインの歴史上意味がある」「このキャッチコピーが時代を変えた」といった評価を受けることもあり得ます。

「芸術家気取りで仕事をする」とは悪い意味で使われがちですが、逆にこうした心意気を持つことも、50歳を過ぎて仕事をしていくうえでは、必要なことかもしれません。

芸術家が遠すぎるのであれば、「職人気質《かたぎ》」なら身近かと思います。葛飾北斎は天才ですが、その作品群は無名の職人たちによって彫られ、刷られ、世に出ていきました。浮世絵は職人チームによる作品です。ゴッホは、このような共同制作に憧れました。日本の浮世絵職人たちのように仕事をしたいと願っていたのです。私たちが職人気質で仕事をするのは自然なことです。

自分の存在証明とは?

本章で述べていることは、つまるところ50歳を過ぎて訪れる、主に仕事上の「アイデンティティの危機」といかに折り合いをつければよいか、ということです。

「アイデンティティの危機」とは、「自分らしさって何だろう」「自分は何が存在証明なんだろう」と悩むことです。発達心理学者、精神分析家のE・H・エリクソンが、アイデンティティという概念を提唱したときから、すでに「アイデンティティの危機」という問題にも言及しています。

エリクソンは人間の一生を八つの段階に分けたうえで、それぞれの段階における課題をこなすことで、次の段階に進むことができると考えました。しかし、もしそれぞれの課題をクリアできないとしたら、「危機（クライシス）」と呼ばれる状況に陥ると考えたのです。

私は50歳になったときこそ、「自分のアイデンティティ（存在証明）とは何か?」という問いに、しっかり向き合うことが大事だと考えています。

私は学生たちに、「自分のアイデンティティを書き出してみる」という課題をやってもらうことがあります。とはいっても、こう聞かれたときに「私は××大学の学生である」と答えてしまったら、それ以上出てこなくなってしまうことになりがちです。あとは「××の息子である／娘である」で終わってしまったり。

その点、50歳にもなれば、それまでいろいろな経験がありますから、面白いです。「××会社の社員」というのが真っ先に出てくるにせよ、「××大学／××高校の出身」という答えもありますし、「誰々の親」であるとか「誰々の夫／妻」であるとか、アイデンティティが増えています。

あるいは、「○○に打ち込んできた」。それまでやってきたことの中で、それ抜きには自分が語れないというものが誰でもあると思います。音楽がすごく好きで、仲間とのバンド活動に打ち込んできた人であれば、プロのミュージシャンでないとしても、音楽こそが自分のアイデンティティだと言ってよいと思います。

また「○○のファンである」ということ抜きには語れない人もいますね。あるプロ野球チームのファンだ、あるJリーグクラブのサポーターだという自分を除いてしまうと、もう自分ではなくなってしまうというのであれば、それこそがその人のアイデンティティです。

アイデンティティとは、その人の生きてきた歴史、人生そのものです。「自分は何者である」という手応えのある存在証明をつかめれば、50歳の危機に際しても落ち着くことができるでしょう。

武士であろうとした福沢諭吉

福沢諭吉は慶應義塾の創始者です。西洋の学問を修め、『学問のすゝめ』や『文明論之概略』などの名著を著した教育者でもあります。思想を世間に広めるという意味では、啓蒙学者とも言えます。実は大学はもちろん、銀行・新聞社など、現在まで続く多くのビジネスモデルをつくった経済人でもあります。

まさにマルチな才能を持っている福沢ですが、『福翁自伝』などを読んでいくと、自身のアイデンティティを「武士であること」に置いていることがわかります。開明的な洋学者であるにもかかわらず、自身のアイデンティティはきわめて日本的な武士だというのは面白いところです。

実際、福沢の書いたエッセイのなかに「瘠《や》我《せ》慢の説」というものがあります。これは明治維新における、勝海舟と榎本武揚の武士としての身の処し方を批判するといった内容です。「武士は食わねど高楊枝《たかようじ》」と言われるように、武士にとっては「やせ我慢」の気風は本質的なものだから、元幕臣が新政府で高位の職に就くのはいかがなものか、という論です。

これなどを読むと、福沢がいかに武士としての気風を大事にしていたかが伝わってきます。これを書いたのは明治時代ですから、当然武士はいませんが、武士の気風は福沢の背骨であり続けているのです。

福沢の例を考えると、アイデンティティと職業は、必ずしも一致しないということがわかります。それより「自分を何だと思いたいか」が重要だということです。逆に言えば「自分は何者でもない」ということもあまりなさそうです。

自分のアイデンティティを掘り下げていくことによって、人生の手応えが得られると思います。

プライドに喰われてはいけない

中島敦の『山月記』は、高校の国語の教科書に採用されることが多いので、読んだ方も多いでしょう。

物語に登場する李徴は、詩の才能があると自負している一方で、その才能を世に出して評価されるのを恐れています。一方で、役人となったかつての同輩たちを「鈍物」とさげすみ、自分はあんな連中よりもずっと優れているというおごりを捨てられません。

物語の中で「臆病な自尊心と、尊大な羞恥心」というキーワードが出てきますが、この二つはとても厄介なものです。ちっぽけなプライドのせいで、李徴は自分の実力を世間にさらすことができなかったわけです。

己は詩によって名を成そうと思いながら、進んで師に就いたり、求めて詩友と交って切磋琢磨に努めたりすることをしなかった。かといって、又、己は俗物の間に伍することも潔しとしなかった。共に、我が臆病な自尊心と、尊大な羞恥心との所為である。

そうして「己の内なる臆病な自尊心を飼いふとらせる結果」として、李徴は虎になってしまいます。自分のつまらないプライドに、人間としての自分が喰われてしまった——そういう話です。

自分自身のプライドとの付き合い方というのは難しいものです。どこかでそれを捨てて、自分の本当の価値を受け入れるということが必要です。

たとえば、昔バンドをやっていた人が「自分だって本当はミュージシャンとしてやれたのにな」といつまでも思っていることに罪はありません。ただし、本気で惜しいと思っているのだったら、なぜどこかでチャレンジをしてみなかったのか。

プロ野球の入団テストを受けるのも同じですが、「自分は全然プロでは通用しないな」とわかれば、夢と折り合いをつけることができるようになります。

これは、仕事全体についても言えることです。若い時は何でもできそうな気がするけれども、実際にやってみたら自分にはできないということに気づく。これが成熟というものです。

自分自身で試してみて感じた、「これはとうてい自分には無理だな。上には上がいるな」という諦めの気持ちが、その後の人生を生きる推進力になっていくのです。

孔子が一番大切にしたこと

50歳とは、それまで向上心を持って生きてきた方が、向上心だけで人生を貫くことは難しいのだなと思うような時期かもしれません。それは同時に、将来への不安や孤独感が生まれてくるときでもあります。

『論語』によれば、人生の目標とは、一生かけて仁という徳を体得していくことです。そのためには、60歳になっても、70歳になっても向上心を持ち続けることが必要になります。

孔子は「自分は『一《いっ》以て之を貫く』者である」と言いました。

「一」とは「仁」のことでしょうか。あるいは徳を身につけようとする志そのものかもしれません。これを一生かけて磨いていく。心の中の玉《ぎょく》を一生磨いていく。50歳になっても60歳になっても70歳になっても、この向上心は奪われない。これは社会的な地位や組織に所属しているかどうかとは関係ないことです。

このとき孔子は、弟子たちと共に諸国を遍歴する身でした。実際の政治に携わりたいという願いを持ちながら、それがかなわない失意の中にいたわけです。それでも学ぶ気持ち、徳を高める気持ちは決して奪われない。

孔子は、弟子とこんなやり取りをしています。

子《し》貢《こう》曰《い》わく、

「斯《ここ》に美玉有り。匵《ひつ》に韞《おさ》めて諸《こ》れを蔵せんか。善き賈《あたい》を求めて諸れを沽《う》らんか」

子曰《のたま》わく、

「之れを沽《う》らん哉《かな》、之れを沽らん哉。我れは賈を待つ者なり」


（子罕第九　13）


（子貢が先生に出仕の意思があるかを聞こうと思い、比喩を用いてこうたずねた。

「ここに美しい玉があるとします。箱に入れてしまっておくのがよいでしょうか、それともよい値で買ってくれる人を求めて売るのがよいでしょうか」

先生はこう答えられた。

「売ろう、売ろう。私はよい値で私を買う人を待つ者だ」）


美玉というのは、もちろん孔子のことです。そのときはもうかなりの高齢だったのですが、仕事がない孔子に対して、弟子の子貢が「もし雇いたいという人がいたら、先生はその仕事に就かれますか」と聞いたのですね。それに対して孔子が、「自分はとにかく自分を売りたい。自分は買い手を待っているんだ」と答えたという話です。

そんな孔子に、あるとき仕官のオファーが届きます。ただしそれを言ってきたのは評判の悪い領主で、弟子たちは止めようとしますが、孔子は受け入れます。

私はそういう孔子に潔さを感じます。もったいつけず、評判の悪い人からの申し出さえも「自分を評価して使いたいという人があれば、そのために働きたい」と考えるのです。この世に関わって生きていたいという意思は、孔子にとって非常に重要なものだったのです。

プライドと折り合いをつけて生きる

すごく売れている作家さんのなかには、大手の出版社からしか自分の本は出さないと決めている方もおられると聞きます。

でもだんだん売れ行きが落ちてきて、大手の出版社からオファーが来なくなってきたときにどうするか？　私は中堅ランクの出版社から本を出せばよいと思います。そこでも売れなくなれば、もっと小さな出版社からでも出す。プライドなんかにとらわれずにどんどん折り合っていけば、自分が何を求めていたのかがはっきりするはずです。

「自分は、本が出したいのであって、大手の出版社から出すということは一番ではなかったんだ。だったら会社の規模は関係ない」と。

実は私の場合、そもそも出版社を規模や知名度で区別したことはありません。本書でも後で触れますが、私は20代から30代の前半にかけて、本を出したくてたまらず、また書けるという自信もあったのですが、なかなか書くチャンスをいただけませんでした。

そんなときにオファーを出してくださったのは、世間的に見ればとても大きいとは言えない出版社でしたが、もちろん私は喜んで引き受けさせていただきました。それ以後も、出版社からオファーがあれば、「ありがたい。ありがたい」と手を合わせながらお仕事をさせていただいています。ネット書店で私の名前を検索していただけたら、本を出している出版社の数が非常に多いことがわかると思います。

みなさんの仕事も同じなのではないでしょうか。役職定年になったり定年後の再雇用を打診されたりしたとする。ということは、仕事を続けていいというオファーはあるわけですね。それを受け入れるのは、別に恥ずかしいことではありません。

50歳を過ぎると、アイデンティティを失うことなく、プライドと折り合いをつけて生きることが、何より重要になってきます。

第2章

後悔・自責・嫉妬——マイナスの感情と折り合いをつける

歴史とは現在と過去との対話である

E・H・カーの『歴史とは何か』という岩波新書があります。この本を10代の終わりに読んだ私は、ここには一生使える考え方があるなと感銘を受け、以来ずっと座右の一冊としています。

著者のメッセージはシンプルです。

「歴史とは歴史家と事実との間の相互作用の不断の過程であり、現在と過去との間の尽きることを知らぬ対話なのであります」

この「現在と過去との対話」とは、わかりやすく言えば、現在がこうなっているから、過去がそのように見えるということです。時代的な制約を受けた現在の自分が過去を見る。そのとき自分が置かれた状況によって、歴史の見方も変わる。つまり過去の意味は、現在の思いから決まってくる。

そうすると、自分の過去の棚卸しをするという行為は、別にネガティブなものではなくて、自分の人生の意味を発見するという意義があることだとわかります。

しかし、中高年になってから過去を振り返る場合、どうしても「あのときこうすればよかった」という後悔に襲われがちです。もちろんいまさら考えても仕方のない話であって、ゲーテもこう言っています。

「人は、青春の過ちを老年に持ちこんではならない。老年には老年自身の欠点があるのだから」（エッカーマン『ゲーテとの対話』）

そうはいっても、50歳という人生の区切りを迎えて、急に「10代のときに、こうしておけばよかった」という無益な妄想に取り憑かれる気持ちも、私にはわかります。私自身も過去の失敗について「冷静に振り返ってみると、あのときにこうしておけば、もっとこうなったのではなかろうか」と思い起こすことがよくあるのですから。

本章では、50歳を過ぎて抱きがちな、後悔や自責の念、あるいは嫉妬といったマイナスの感情との付き合い方について考えていきます。

甘美な青年期の後悔

父が亡くなった後、私は彼のコレクションの中に、昭和の歌謡曲を何百曲も集めたC

Dセットを見つけました。『決定版 ヒット大全集』のようなタイトルで、主に通信販売で売られる類の企画商品です。

聴いてみて気づいたのですが、昭和の歌謡曲で歌われている内容は、悩みとか後悔といった、心の痛みばかりなのです。当時はなぜみんな、そんな曲ばかり繰り返し聴いていたのか。もちろん今のポップスでもそのような傾向はありますが、昭和の歌謡曲にはとりわけ大人の悩みが詰まっていると感じました。もしかしたら消せない過去の悩みというものには、自分の人生に影ばかりでなく彩りを与えてくれる甘美な味があるのではないかとさえ思いました。

消せない過去といっても、本当は、その時々の選択が必然であって、自分が選び取ったのだから、そのことに対して責任を負うし、結果を受け止めて前に進むべきだ——という実存主義的な考え方を、私は青年期に会得しています。その意味では、自分の選択に後悔を感じる余地はないはずです。

ところが、自分の10代を思い返してみると、選択した結果ではなく、選択しなかったことでチャンスを逃したということもあるわけです。

とくに深刻な後悔ではなくて、どうしてあんな無駄な時間を過ごしてしまったのだろうといったことです。たとえば試験勉強で、「今思い返せば、あの教科をやっておけばよかったのに、何で他の教科を選んでしまったのだろう」。

あるいは当時好きだった女の子について、「相手だって自分のことが嫌いではなかったわけだから、積極的にアプローチしていれば付き合えたかもしれないのに」。

そういったいろいろな後悔が浮かんできます。でもそれらは、真剣に取り返したくて悩んでいるというよりは、その時を思い返して、甘美な思い出に浸っているのだと思います。

後悔から人生を意味付けし直す

なかには過去に対してまったく後悔がないという方もいるかもしれません。そういう人は、エネルギーを前に行く推進力だけに使えますからたしかに生産的だと思います。でも、「そもそも生産的であるということは、50代以降にどれほど大きな意味を持つのか」という問いも成り立ちうるわけです。

生産的であれば、お金が稼げて、人から評価される。20代から30代にとっては大切なことですが、50歳になると「生産性一元論」といった考え方は、どうも薄っぺらいのかもしれないとさえ思えてきます。とすると、ある種の後悔というものは、決して後ろ向きというだけではなくて、これまでやってきたことを豊かに意味付けし直すということでもあります。

私も最近、忘れていた過去を掘り起こすというか、「そういえば10代のときに、こういうことがあったな」と思い返すことがあります。たわいない話ですが、友達の女の子に、「君の幸福観は間違っている」と、思想的ないちゃもんをつけるようなことをしたりしていて、「一体自分は何を考えていたんだろうな」と思うばかりです。いまもって、まったく意味がわかりません。

相手の女の子も、当時同じ気持ちだったでしょうね。「こいつ、何を考えているんだろう」と。

もしかしたら青年期の不始末というのは、一度火を付けたら長時間燃焼し続ける備《びん》長炭《ちょうたん》のようなものかもしれません。50代、60代になっても、それで暖まることができる。そう考えると、不始末のない人生より不始末のあった人生のほうが、後々暖かいとも言えそうです。10代の頃にすべてがうまくいき、本当に楽しかったというのも幸せだと思いますが、そうではなく、うまくいかなかった不始末の思い出が焼け残った炭のように、自分を温めてくれるというのも味わい深い人生です。

それに、過去の不始末を振り返ることは、成熟している今の自分を感じることにもつながります。時に「50歳の成熟を持って10代に戻ったなら、どんなに成功することか」という妄想を抱くこともありますが（そんな10代がいたら、またそれで問題です）、そのズレみたいなものも面白いと思います。

自責の念を抱えて生き続けるということ

しかし、過去の思い出はそんな甘美なものだけとは限りません。むしろ、トラウマとして残り、いつまでも自分を苦しめるようなものもあります。

夏目漱石の『こころ』の登場人物である「先生」は、絶対に消すことのできない自責の念を抱えながら生きています。その「先生」と出会った学生の「私」は、「先生」が醸し出す暗さをとても魅力的に感じ、心惹《ひ》かれていきます。

そして暗さの理由を知りたがった「私」に対して、初めは忌避していた「先生」でしたが、とうとう遺書という形で「私」に自分の秘密を明かします。

「私は今自分で自分の心臓を破って、その血をあなたの顔に浴びせかけようとしているのです」

こう告げてまで書いた内容とは、「先生」が友人である「K」をあざむいて「お嬢さん」との結婚を決めたことにより、「K」を自殺に追いやってしまったという過去の告白でした。

「先生」は事件の後、自責の念を抱えながらずっと生きていました。この罪の意識は、時間によってまったく癒されることがありません。

私たちは、何か心にダメージを受けたとしても、時間が解決してくれると信じることができます。すべてとはいかないまでも、時間がたてば癒されると考えて過ごすことで、少しずつ楽になっていくのです。

しかし「先生」は毎月「K」のお墓参りをしながらも、時間が癒してくれるどころか、逆に自責の念が積み重なっていくばかりです。そして、最後に「先生」もまた自殺という選択をしてしまうのです。

時がたてばたつほど、辛い記憶は忘れられて楽しい思い出だけが残っていくなら、時間は味方となります。ところが「先生」のように、時を追うにつれてマイナスの感情だけが残ってしまうとすれば、時間は敵となってしまいます。

ところで「先生」が自殺を決心したのは、直接的には乃木希典陸軍大将の殉死が引き金でした。この乃木もまた、自責の念を抱えながら生き続け、最後に自ら死を選んだ人物です。

乃木大将と明治の日本人の精神

乃木希典は明治天皇大葬の日の大正元年9月13日、妻の静子とともに自宅で自殺を遂げます。64歳でした。

当時の新聞は、日露戦争の英雄である乃木の死を、明治天皇への崇高なる殉死と誉めたたえ、民衆も大いに感動したといいます。

しかしその後の研究などによれば、乃木は明治天皇にただ殉じて死んだだけではないことがわかっています。

1877年の西南戦争の際、連隊を率いて出陣した乃木は、その戦闘のさなかに天皇から授けられた軍旗を敵の反乱軍に奪われてしまうという失態を犯してしまうのです。

乃木は連隊長として責任を取るべく、進んで処罰を求めますが、戦功があったことを理由に許されます。この一件が、後にずっと乃木を苦しめることになりました。乃木は酒に逃げ、アルコール中毒の一歩手前にまでなったそうです。夜遊びに溺れたとさえ言われています。

乃木はこの軍旗喪失事件と、日露戦争での旅順要塞攻略戦にて多大な死者を出したことの悔恨と自責の念から、死ぬための機会をずっと待ち続けていたのです。

乃木のような国民的英雄が、その公的イメージのかげで、生涯の大半を、自分がひどい失敗者だと思ってすごしていたこと、またその人生における主要な心理的底流のひとつが絶望だったこと――を見出すのは、教訓的である。

（加藤周一他著『日本人の死生観　上』）

この乃木の心情は、まさしく『こころ』の「先生」とシンクロしてきます。錦の御旗を失うことと友人を裏切ってしまったことと、自責の念という点では同じです。精神の共通性を感じたであろう「先生」は、乃木のことを、自責の念のいわばロールモデルとして設定し、その乃木の殉死に勇気を得て自らも命を断ったということになります。乃木と自分との間に共通する明治という時代の精神に殉じるという意味もあります。

自殺がいい、悪いという倫理観は、ここでは関係ありません。もはやどうにもならない自責の念を抱えて、自分の人生は自分でけりをつけるという強い意志があるのみです。「先生」について言えば、Kはもう亡くなっているし、妻は何も知らないで幸せに暮らしている。だからといって、それでいいとはならないわけですね。問題を見据えて、自分の人生にもう一回意味を取り戻す。あるいは自分の心の中の自責の念にけりをつける。「先生」の自殺はそういう行為だったわけです。

嫉妬が社会にもたらす残酷さ

50歳を過ぎて人生後半にさしかかった私たちにとって、嫉妬心も注意しなければならない感情です。

先人たちも、嫉妬心を持ってはいけないと戒めてくれています。

たとえばニーチェにとっては、もっとも忌み嫌うものの一つです。

> 嫉妬の炎につつまれた者は、最後には、さそりと同様に、自分自身に毒針を向けるのだ。
>
> （『ツァラトゥストラ』）

ニーチェは、ルサンチマン（怨恨感情）を自分にとって価値のないものとして自分自身に禁じ、清算したとも言っています（『この人を見よ』）。

また福沢諭吉に言わせればこうなります。

およそ人間に不徳の箇条多しといえども、その交際に害あるものは怨望より大なるはなし。

（『学問のすゝめ』）

「怨望」とは人をうらやむ気持ちのことです。「世の中に不徳はいろいろあるけど、人をうらやむ気持ちは、本当に一番どうしようもないものなんだ」ということです。

私も嫉妬心は、日本社会をダメにしている要因の一つだと考えています。嫉妬心があるから、みんなスキャンダルが大好きで、その結果、誰かが転げ落ちるのが面白くてたまらないのだと思います。

週刊誌を見ていると、日本中がだいたい1カ月に1人ぐらいは転落者を求めているように思えてきます。そして、次の転落者は誰だと手ぐすね引いて待ち、実際に水に落ちて溺れかけた者に、みんなで石をぶつける。そういう残酷な魔女狩りのようなことが、常に起こっているかのようです。

もちろん公人が権力を利用して不正を働いていたような場合に、怒りを表明することには正当性があるでしょう。しかし、少し不用意な発言をしただけの人（タレントなどの著名人に限らず、ただの一般人の場合もあります）に対して、集団攻撃をしかける。そんなことが、とくにネット上では日常茶飯事です。

自分に直接影響があったわけではないのに、人が転がり落ちていくのが、そんなに面白いのか、と思います。大事なことは、それを楽しんでしまっている自分を見たときに、「こんなに卑しいルサンチマンを、自分も持っているんだな」とまず思うということです。

「ああ、自分は人が転げ落ちるのを見てとても面白く思ってしまう人間だな」

「スケープゴートをみんなで血祭りにあげて捧げるようなことを、やっぱりやってしまうんだな」

そうやって、まず自分の卑小なる人間性について一度思いを致すのです。

うらやましさを捨てると楽になれる

そして次に、もう50歳になったのだから、人をうらやましいと思う気持ちを捨てればどんなに楽かということに気づくことです。

こういう気持ちは、50歳になると持ちやすいのではないかと思います。というのは、死んでしまえばすべてが清算されるという思いを想像しやすいのも50歳だからです。死んだときに100億円持っていても1億円持っていても変わらない。5000万円でも1000万円でも変わらない。場合によっては何もなくてもかまいやしない。

そういう「ゲームオーバーの時」がやがて来ると思えれば、社会的な成功や失敗にどれほどの意味があるのかと思えてきます。30代や40代のうちは、同級生がどれだけ出世したかということが気になるものです。ところが私の経験でもそうですが、50歳にもなると、大学時代の同級生で集まって話をしても、「誰々が出世した」みたいな話が出なくなります。50歳は成功、不成功も一回けりがつく時期なのです。

お金は、あまりに足りないのは困るとしても、無限に生きるのではないと考えれば、それほど執着もなくなります。好きな仕事をして、結果としてお金が入ってくればいい、というぐらいの気持ちでいるほうが、モチベーションを保ちやすいでしょう。

仕事をすること自体が楽しみになってくれれば、お金のある人をうらやましいと思う気持ちも薄れてきます。

若いうちは競争心がプラスに働くことがあります。20代、30代のうちは、プライドが傷つけられたことによって頑張る気持ちになったり、あるいは同年配の人間が出世していくのを見て、自分もとエネルギーを湧かしたりするものです。誰かが家を建てたといえば、自分も欲しくなったりということもあります。

でも50歳になると、経験上誰が部長になろうが、家を建てようが、「知ったこっちゃない」という心境に至ります。同年代で集まっても、話題は自分の健康や親の介護ばかり。

人によっては、そう思えるのは60歳になってからかもしれませんが、同級生のレースは、もう終わったんだなとしみじみ感じることになります。

人生の通知表を受け取る50歳

つまり、50歳になったら人生の通知表を受け取ると考えたほうがよいのです。

もちろん人生100年時代と考えれば、まだ人生折り返し地点。仕事だって、まだまだ辞めるわけではありません。それでも競争や格付け、ランキングといったものからは、自由になったほうがいいのではないかと思います。

どこで読んだ文章なのか定かではないのですが、こう書かれていました。

「50歳になったときの預金通帳が、あなたのこれまでの人生の通知表です」

これを読んで、私は笑ってしまいました。「そうか、通知表がもう来てしまったんだ」「自分の成績は、まあこんなものなんだな」と。

さらに身も蓋もないことには、「そこからものすごく資産が増えることはありません」ともありました。

50歳で通知表というのも変な話ですが、確かにたいていの勝負はもう終わっていると考えたほうがよいでしょう。それまでに10億円稼いだ人もいるかもしれないし、1億円の人もいる。3000万円の人も0円の人もいるかもしれない。それが自分の通知表なんだと。

もちろん資産だけが人生の価値とはまったく思いませんが、考え方として面白いと思いました。

承認はもういらない

50歳になったら、存在承認欲求と折り合いをつけることも必要です。いや、言い切ってしまえば、50歳になったら、もう他人からの承認は必要としなくてもよいのです。

若い人が気にするのはわかります。彼らはSNSで「いいね！」が欲しいのですね。中学生だったらものすごく気にする。高校生も気にする。大学生や20代は気になって仕方がない。どこへ行ったとか何を食べたとかなんでもSNSに上げて友達に見てもらい、「いいね！」を付けてもらいたい。

それを50歳になってやっていたら、正直ちょっとみっともないです。存在承認が必要なら、それはもう自分でしろと言いたくなります。

もう存在承認の欲求は、薄れていい頃です。これに関しては40歳でも「いい年して」と思いますが、50歳ともなると、本当に「いい年」ですから。

もう「いいね！」は必要ない年なんだと心に刻みましょう。

若さと競争しない

みなさんの中には、自分は確かに50歳だけど、まだそこまでの思いには至れないという方も多いと思います。「『人生の通知表』なんて、まだ受け取りたくない」と。

そういう気持ちもわかります。50歳ちょうどくらいでは、燃えカスが残っているといったら失礼ですが、まだまだ充分元気でしょう。だからこそ、早めに手を打ってもいいのではという思いで申し上げているところもあります。

実は早い段階で競争心というものの始末を付けておけば、若い人と付き合いやすくなるという利点があるのです。

年を取るにつれて、どうしても若さに対する嫉妬心が芽生えてきます。「今時の若いやつは」とこき下ろしたくなるのも、それが原因なのではないでしょうか。

私は若い人たちの前で話す機会があると、「青春を生きている皆さんこんにちは」とあいさつすることにしています。若いことは素晴らしいものだ、と完全に降参することで、嫉妬心から逃れているのです。

年を取るにつれて、年々ひがみっぽくなる人がいます。どんどん人を褒めることができなくなっていくのです。そうなってしまうのは悲しいことです。

そうなるかならないかは、45歳から50歳ぐらいが分かれ道だと思います。人を過小評価して、文句ばかり言うようになるのか。どんなことも素直に「すごい！」と褒められるようになるのか。これは褒める側に行ったほうが、断然心地よく生きられます。

物事を否定的に捉えてばかりいると、自分の中に嫉妬心やひがみ心みたいなものを、いつまでも残してしまいます。逆に人を褒めるごとに嫉妬心が消えていくと思います。そうやって、自分の中のねたみ心の芽を摘んでいくことが大切です。

高田純次さんにならって

こういった人をうらやましがらない気持ちのあり方を、私はタレントの高田純次さんから学んだところがあります。最近はテレビ番組「じゅん散歩」などで、変わらぬテキトーぶりを発揮している高田さん。私は高田さんを見ると、いかにも人をうらやむとか競争心みたいなものから解き放たれているような感じがします。高田さんが誰かに嫉妬するなんて、ちょっと想像できません。

ここは高田さんにならって、いろいろな嫉妬心から自由になりましょう。同級生レースは終わり。若さに対して勝負しようなんて思わない。

「勝負から降りた」という感覚は、確実に気持ちを楽にしてくれます。向上心は残しておいてかまわないと思いますが、無駄な競争心から解き放たれたときに、心から楽になれると思います。

第3章

人間ぎらいという成熟

孤独に打ち勝つ「退屈力」

50歳以降の生活のテーマの一つになってくるのが「退屈との付き合い方」です。

これは、退屈を我慢する、あるいは退屈しないように刺激を求めるというのではなく、退屈と仲良くするということです。退屈と馴染む、あるいは退屈をもはや退屈と感じないようになることでもあります。

私は以前、退屈に対する不安は現代人特有の不安であると考え、『退屈力』という本を書きました。そこでまず述べたのは、現代は誰もが退屈を恐れて刺激を求める一方、社会の側もその要請に応じて、人々を飽きさせないように次から次へと刺激を繰り出し続ける「高度刺激社会」になっている。しかし、それで人々は幸せになっていけるのだろうか――という疑問です。そして、この「高度刺激社会」に抗って生き抜いていくすべとして、傍から見れば退屈に見えるようなことのなかに、当人が退屈を感じずに喜びを見出していく力、すなわち「退屈力」を提唱したのです。

同書を書いたとき、私はこの「退屈力」は、定年後のセカンドライフを豊かにするキーワードになると考えていました。仕事がなくなって自由にできる時間が目の前に広がったときに、人生を楽しむための重要なスキルになりうるからです。それはそのまま、本書で述べている50歳からの孤独を充実させるヒントにもなるはずです。

私が「退屈力」を考えるうえで参考にしているのが、イギリスの論理学者で、哲学や教育学にも功績を残したバートランド・ラッセルの考え方です。ラッセルは著書『幸福論』の中に「退屈と興奮」という章を設け、そこで「総じてわかることは、静かな生活が偉大な人びとの特徴」であると言っています。

「偉大な本は、おしなべて退屈な部分を含んでいるし、古来、偉大な生涯は、おしなべて退屈な期間を含んでいた」

「偉人の生涯にしても、二、三の偉大な瞬間を除けば、興奮にみちたものではなかった」

またラッセルは、退屈を怖がり過ぎて直接的な強い刺激ばかり得ていると、あまりよろしくなく、むしろ実りある退屈というものがあるはずだと考えているのです。

本章では、そうした実りある退屈について考えていきます。

富士山をモチーフにする

芸術用語に「モチーフ」という言葉があります。主題、創作の動機といった意味ですが、芸術家にとってモチーフはとても重要です。第1章でも触れたセザンヌは、晩年は故郷のプロヴァンスに戻り、そこにそびえるサント・ヴィクトワール山を自らのモチーフとして、何度も何度も描き続けました。

またルノワールにとってのモチーフは、裸婦だという言い方もできます。自分にとってのモチーフを見つけ、そこに精神を注ぎ込むと退屈さが消えていきます。

写真が好きという方のなかには、ある特定の対象を好んで撮り続けている方が多くいらっしゃいます。その人のモチーフと言っていいと思いますが、この対象には鉄道を始めとして、お城、猫などが挙げられます。

風景、とくに富士山をモチーフにしている方も多いでしょう。「動かざること山の如し」というくらいですから、見ていても退屈ではないかと思うのですが、彼らに言わせると「富士山は毎日姿を変えるので、見ていて飽きることがない」のだそうです。

私は静岡市生まれで、毎日富士山を見ながら育ちました。なにせ町のどこにいようが、自然と富士山が視界に入ってくるのです。角度によって見え方が変わるとはいっても、「富士山は富士山だよ。毎日富士山を見ていられるなんて、よっぽど暇なのかな」と、失礼なことに、ちょっと富士山をなめていたところがありました。

ところが先日御殿場に行ったときのことです。窓から富士山を一望できるレストランで食事をしていたのですが、眺めていると、刻一刻と富士山が姿を変えていきます。山頂にかかっていた雲が移動していくだけで、まったく趣が変わってくる。かと思っていると、太陽が傾き、次第に山肌が茜色に染まっていく。

「また違う」「また違う」と、私は人生で初めて、富士山の写真を撮りまくる経験をしました。その一瞬の富士山の輝きをもう一度つくり出すことは、誰にもできない。自分が写真を撮らなければ、永遠に過ぎ去ってしまう。そう思ったのです。

これを言ったら地元を裏切るようですが、「静岡市から見えていた富士山は、本物ではなかった。富士山は御殿場から見るものなんだ！」と思ったほどです。

いまなら、富士山を間近に見ながら余生を過ごしたいと言う人の気持ちもわかります。

毎日見ていても、退屈することはないでしょう。

「ふるさとの山に向かひて言ふことなし　ふるさとの山はありがたきかな」とうたったのは石川啄木です（『一握の砂』より）。啄木は故郷の喪失感からこの短歌をつくったのでしょう。私は若い頃はピンとこなかったのですが、いまなら充分啄木の気持ちがわかります。

仁者は山を好む

孔子の言葉の中に、次のようなものがあります。
「知者は水を楽《この》み、仁者は山を楽《この》む」（『論語』雍也第六　23）
これは、知の人と仁の人とでは性質が異なり、知の人は心が活発なので流れゆく水を好み、仁の人は心が落ち着いているので不動の山を好む、という意味です。
孔子は、「智・仁・勇」の三つの徳目を人間が備えるべき資質とし、これを併せ持つことを理想としました。なかでも「仁」を人間として目指すべきもっとも重要な徳だと孔子は考えています。人格的な大きさ、優しさや真心などを表す、キリスト教で言えば

「愛」に当たる言葉です。

その仁者は、山を好むのだという。変化の激しいものよりも、山のような、確固たる大いなるものに引かれるというのは、わかる気がします。

ちなみに私が好きなのは水のほうで、流れゆく川の水をずっと眺めていることができます。私が通った小学校は安倍川のほとりにあったのですが、当時は毎日飽きもせず、その流れを眺めていたものです。

さて、山を見ると落ち着く、安心するという心情は、日本人にとっては理解しやすいでしょう。日本の国土は山が多く、山岳を神霊の住む霊地として崇め、種々の儀礼を行う「山岳信仰」が発達しました。民俗学者の柳田國男によると、先祖の霊は山へ行って「山の神」となり、春には里に下りてきて農作物の生育を手助けするという信仰が各地に見られるそうです（『山の人生』『先祖の話』など）。

さらに「梅原日本学」とも総称されるような、日本文化に関する数多くの論考で知られる梅原猛さんは、日本の神道や仏教は、「動物あるいは植物、あるいは無機物にも人類と共通の霊が存在し、その霊によって、全ての生けるものは生きるものになるという思想」である「アニミズム」の原理によっているとしています（「アニミズム再考」）。

一神教ではなく、いろいろなものに神が宿るという考え方です。とすれば、自分の身近な山には神様がいるし、どこの山にも神様がいるという具合に、山の数だけ神様の存在が可能になります。

和辻哲郎は『風土』という本の中で、世界の自然環境を「モンスーン」「砂漠」「牧場」の三つの類型に分け、それぞれから生まれた文化の比較を行っています。そして、キリスト教やユダヤ教といった一神教は、「砂漠」の地から生まれたとしています。山と森林に恵まれた日本ではアニミズムが浸透し、何もない砂漠のようなところでは、一人の絶対者が求められたというのはわかる気がします。

盆栽は50歳を過ぎてから

盆栽を愛でるという行為は、樹木が宿している生命力を自分に取り込みたいという願いの現れだと思います。自然に生えている木は、自分が世話をしているものではないので、手に余ります。それが盆栽になると、自分が手を加えて育てた、まさに自分のものです。

もし自分の家に樹齢1000年を超える屋久杉が生えていたら、元気が出るでしょう。それは無理な話としても、もう少し小さな屋久杉があったらいいなとは、誰でも考えるはずです。それをかなえてくれるのが盆栽なのではないでしょうか。

盆栽の中には、1億円もの値が付くものがあるそうです。「根張り」「立ち上がり」といいますが、よい盆栽とは、八方にしっかりと根を張り、どっしり太い幹がすっと上に伸びているもののことだそうです。つまり、生命力を感じさせるものが評価されるということです。

一般的に、盆栽は、青年期の趣味ではありません。それよりは、生命力にやや陰りを感じ始めた中高年以上が、それを活性化させてくれるものとして盆栽を求めるのではないかと考えています。

ちなみに偏愛の対象として植物の次に選ばれるのは、鉱物なのではないかというのが私の推論です。石や岩といった長い年月をかけて磨かれたものや、それ以上の何千万年というレベルで地中に堆積した太古の鉱石。そういうものに惹かれる境地もあります。

人間ぎらいのすすめ

福沢諭吉の『学問のすゝめ』は、次のように結ばれています。

人類多しといえども鬼にもあらず蛇にもあらず、ことさらにわれを害せんとする悪敵はなきものなり。恐れはばかるところなく、心事を丸出しにしてさっさと応接すべし。（中略）人にして人を毛嫌いするなかれ。

（人間多しと言っても、鬼でも蛇でもないのだ。わざわざこちらを害しよう、などという悪い奴もいないものだ。恐れたり遠慮したりすることなく、自分の心をさらけ出して、さくさくとお付き合いしていこうではないか。人間のくせに、人間を毛嫌いするのはよろしくない）

ここで福沢が言っていることは、まったく正しいと思います。私もたとえば学生や、

20代〜30代の方を相手に話すとすれば、できるだけ社交を大切にしたほうがいいですよ、と伝えます。

けれども50年も生きていると、「人間って面倒くさいな」「ろくでもないな」と実感することもあるでしょう。「これ以上人間と付き合ってどうする?」みたいな疑問も、私は抱いて当然ではないかと思います。

モリエールの戯曲のタイトルを借りて言えば、多少の「人間ぎらい」は誰にでもあります。その人間ぎらいを受け入れる、人間ぎらいでも別にかまわないと認めることも、50歳を過ぎたら許されるのではないでしょうか。

「人間ぎらい」と聞くと、たとえば偏屈で文句ばかり言い、周囲に不機嫌をまき散らすような人を想像するかもしれません。不機嫌よりも上機嫌のほうがいいのは当たり前です。私の近著『不機嫌は罪である』で書いたように、不機嫌は社会を悪くすると考えています。

しかし、人間ぎらいと不機嫌は必ずしも同じではありません。

つげ義春『無能の人』の「石を売る」ではないですが、石を磨いていて落ち着いているおじさんは、不機嫌というわけではありません。人に迷惑をかけていない点で立派とも言えます。あるいは落語の「豊竹屋」に、なんでも義太夫節にして語ってしまう男が出てきます。みんなが聞かせられるとなると迷惑かもしれませんが、当人が満足しているならそれでいい。

そう考えていけば、「人間ぎらい」も一つの成熟の形なのかもしれません。若いときであれば、生活していくために無理しても適応することが要求されます。しかし50歳にもなると、すでにある程度社会に適応できた結果として今があります。その経験があるため、ちょっと「流し運転」でもいいわけです。

もし自分の中に「人間ぎらい」という性質があったとしたら、中高年になったときにそれを不機嫌ではない形で落ち着かせていくことは、決して悪いことではありません。

美的な精神生活を獲得する

稼いだお金の額で人間を評価するなら、起業して何百億円も儲けた人が一番偉いということになります。でも50歳になれば、そういった価値基準から離れてもよいと思います。

　経済至上主義的な価値観を無化してくれるのが、美の世界です。美の世界は世俗とまったくかけ離れたところに成立しているので、そこに最高の価値を置いた人は、他人の経済的な成功を嫉妬したりすることがなくなります。

　美的な精神生活の獲得は、50代以上の目標の一つと言ってよいと思います。

　ところでなぜか日本の男性の多くは、美の世界に積極的に触れようとしません。美術展はどこに行っても女性ばかり。クラシックの音楽会も行くのは女性が多い。仕事が忙しいというのはわかりますが、あまりにももったいない。

　美の世界に新たに触れ直す。もっと言えば、「自分の人生において美とは何か」という問いを哲学的に立ててみる。この問いは、自分は一体何を美しいと捉えるのか、ということを意味します。みな感性が違いますから、美しさの基準も違っています。

　そこで、自分にとっての「美のイデア」、すなわちこの世界における美とはこれだというものを感じ取れれば、停滞していた生命力が、一気に吹き出てくるはずです。

　真善美とは、古代ギリシャ以来の人間の理想としての普遍的価値を表します。

このなかで美は、善のような「こう生きるべきである」「こう生きるのが人間として正しい生き方である」という倫理的なものとは違い、もう少し根源的なエネルギーを表します。この「エネルギーとしての美」に触れずに生きていることが、50歳からの下降感の裏側にあるのではないかと私には思われます。

逆に言えば、美があると下がり方が少ない。タレントのジローラモさんが典型ですが、イタリアの男性は中高年になってもまったくエネルギーの減退を感じさせません。おしゃれで、女性に対して「美しいですね」と自然に声をかけられる。女性は男性にとっては美です。女性に対するリスペクトは、イタリアでは子どもの頃から自然に教わることだといいます。

同じように、イタリアでは芸術がリスペクトされています。美のエネルギーがどれだけ人々にとって重要なのかを理解しているのです。フランスも、国家予算に占める文化関連支出の割合が大きい。

それに対して、日本は文化への投資の少ないことが、近年よく指摘されます。多いのは建物を造る部分で、この構造は高度経済成長期からほとんど変わっていません。

しかし、これからの日本は成熟社会です。美というものに予算をかけて、どんどん投資していかなければならないと思います。それが、実は人間が生きるエネルギーにつながります。「日本を元気に」というスローガンを立てるのであれば、美や文化にもっと予算を割いてもよいはずです。

言葉の美をつくり出す

幕末の歌人である橘《たちばなの》曙覧《あけみ》は、「たのしみは」で始まり「〜する時」で結ぶ連作短歌「独楽吟」で知られています。これは、ささいなことであっても、何気ない日常に楽しみや幸せを見つけて歌にしていくものです。

たのしみは　妻子《めこ》むつまじく　うちつどひ　頭《かしら》ならべて　物をくふ時
たのしみは　まれに魚烹《に》て　児等《こら》皆が　うましうましと　いひて食ふ時

このように妻と子どもが仲むつまじくものを食べている風景に幸せを感じたり、ある

いは、

たのしみは　空暖かに　うち晴れし　春秋《はるあき》の日に　出《い》でありく時
たのしみは　朝おきいでて　昨日まで　無かりし花の　咲ける見る時

といったように、季節のほんのちょっとした変わり目を感じることにも、楽しみを見出したりするといった具合です。

江戸時代の庶民は、ほとんどが貧しい生活を送っていました。その貧しい中にも、美的な精神生活を送るのは可能だということを教えてくれます。

小林一茶に「うつくしや　障子の穴の　天の川」という句があります。破れた障子の穴から見える天の川こそ美しい。貧しさが美の発見につながっています。

与謝蕪村の「月天心　貧しき町を　通りけり」という句も、じんわりと月と貧しい町の取り合わせの美しさを感じさせてくれます。絵が心の中で描かれます。

詩歌といった形で、言葉で感情の動きを捉えたり、美的な世界を表現したりといったことは、誰でもすぐ始められます。

最近話題のテレビ番組『プレバト!!』は、芸能人や著名人が芸術や芸道、あるいは料理といったさまざまなジャンルで才能を競い合うというのがコンセプトです。そのなかでもとくに人気を集めているのが、出されたお題をもとに出演者が作句して、出来映えを判定される「俳句の才能査定ランキング」です。

評価を下すのは『NHK俳句』などでも知られる俳人の夏井いつきさん。実際に作られた俳句に対して夏井先生が赤字を入れていくのですが、その添削ぶりは見事。「ああ、俳句とは、こういうふうに言葉を選べば、情念や感覚、感性がうまく表現できるものなんだ」ということがわかります。

私はかねて、日本人は詩が苦手だなんてとんでもない、これだけ俳句という言語芸術が浸透している日本は素晴らしいと、ことあるごとに言ってきました。だから俳句がこのように一般化していくのは、たいへん喜ばしいことです。

同番組では生け花のコーナーもありますが、これも假屋崎省吾先生が少し手を入れるだけで、思わず「ほおっ!」と声が出るほど変わってきます。みんなが「これが美しさか」ということを感じ取れるわけです。

『プレバト!!』が人気というのは、日本の精神文化にとって、とてもいいことだと思います。

哲学がわかるのは50歳から

美の世界の他に、教養の世界を究めていく方法もあります。もちろん古典文学を読み返すのはその一つです。あるいは最近は歴史ブームとも言われていますが、世界史に興味があるなら、それを深く掘り下げていけば果てしなく楽しめます。

私がおすすめしたいのが、哲学の学び直しです。若い頃には読んでもわからなかったことが、年を重ねて腑に落ちてくることがあります。「ようやくソクラテスの気持ちがわかった」「キルケゴールの言う絶望というのはこういうことだな」という具合です。

とくに難解とされるハイデガーにしてもそうです。たとえば彼は『存在と時間』で、次のような意味のことを言います。

人間は他の動物と違い、死というものを意識する存在である。死を自覚、先取りして、準備をする。だから恐怖を感じるのだけれども、それゆえにこそ本来的な生き方ができるはずだ。時間の有限性というものが人間の本質であり、死に対してどう向き合うかということが、人間らしい生き方の出発点になるはずだ——。

私は20代のときにハイデガーを読みました。そのときは、頭では理解できたといっても、まだ自分が死ぬとは想像できないわけです。ところが50歳を過ぎると、死というものがリアルになる。「あとどのぐらい生きられて、その間に何ができるのだろう」と逆算すると、あまりやりたいことができないことがわかります。

また、ハイデガーはおしゃべりだけしているなどで無駄に時間を過ごす行為を「頽《たい》落《らく》」（堕落と同じような意味）として批判します。確かにSNSでおしゃべりしている間に一日を終えてばかりいるとすれば、死を自覚して本当の人生を生き切ったとは言えないでしょう。そこで、もっと勉強することやもっと表現することがあるはずだと感じられる。

このように、実はハイデガーも、けっこうわかりやすいことを言っていたんだなということに気づけるのです。

哲学が突然わかりやすくなる年齢が、50歳だと言えるかもしれません。

SNSという相互監視社会

ＳＮＳが全盛の今、人とのつながりを持ちやすくなりました。その一方で、みんなが他人の視線を気にしながら生きることを強いられるようになったとも言えます。

著名人はもちろん一般の方でも、何か一つ失言をしただけで、立場が危うくなる時代です。一店員さんがお客さんにこういう物言いをしたという、その一言がネットに上げられただけで不買運動が起きかねません。すべての人があらゆる監視の目にさらされています。

最近私は講演会などでも、完全にはリラックスして話せなくなっています。ある部分だけ、声のトーンはもちろん、前後の文脈からも外された言葉が切り取られて、それが一人歩きしたらどうなるか。どんなに注意深くしても、私一人では防ぐことができません。

ミシェル・フーコーは『監獄の誕生』で、「パノプティコン」（一望監視装置）という監獄の建築様式を例にとって、監視の視線の内面化ということを論じています。

この装置は、監視員は囚人を見ることができるが、囚人からは監視員の姿が見えないというものです。囚人としては、たとえ監視員が見ていなかったとしても、常に見られているかもしれないという意識が働くため、妙なことはできない。やがて、自分で自分を監視して、進んで従属するようになるというのです。

SNS社会は、誰もが自分は監視されているという恐怖心を抱くことにつながりかねません。

さらにこのような相互監視社会では、引きずり下ろし合いということも起こります。テレビの各種情報番組には、その1週間の出来事を振り返るコーナーがよくあります。重大な社会的ニュースが大きく取り上げられるのは当然なのですが、なかには不倫などの著名人のスキャンダルが、びっくりするぐらい集中的に報じられていることもあります。

もちろん、報じられる側に何かしら悪い点があるからそうなっているとは言えます。それにしても、どこかその熱狂ぶりからは、「魔女狩り」の興奮と似たものを感じてしまいます。

実感としては2週間に一つぐらいのスケープゴートを探している印象です。そしてこの「お祭り」の期間が終わった後は、誰もそのことについて話さなくなるのです。冷静になって「後から考えてみると、なんで芸能人の不倫なんかで、あんなに日本中が大騒ぎしたんだろう。もっとひどいことは山ほどあるのに」と振り返ったりもします。この興奮の急上昇と急降下は、いったい何なのでしょうか。

スケープゴートを必要としてしまう私たちの群衆心理は醜いものですが、そういう社会も現にある。その結果、私たちは常に少し怯えながら生活することになります。そのときに心の安らぎ場所として、監視という視線がなかった時代のものに触れたくもなります。

古き良き『まんだら屋の良太』の時代

私の好きな漫画家の一人が畑中純さんです。代表作『まんだら屋の良太』のほか、『玄界遊侠伝 三郎丸』という作品もあります。今となってはなかなか書店で手に入れるのは難しくなりましたが、最近は電子書籍で読むことができます。私もつい先頃、何度目かの一気読みをしたばかりです。

『三郎丸』は戦後間もない頃の北九州の炭鉱町が舞台です。当時は、相互監視の視線に怯えている者など一人もいません。男女の性行為ですら、互いにのぞき見し合うぐらいの親密な空間がつくられています。

荒くれ者たちの話ですからケンカもあるし、今で言う「セクハラ」のオンパレードです。ただし、女性のほうもタフなので、ハラスメントにはなっていません。『三郎丸』や『まんだら屋の良太』を読んでいると、非常に心が安らぐのも事実です。これが私の心の温泉になっています。

今の時代だったら、こんなことを言ったらもうおしまいだということが、全然そうなりません。もちろん、男尊女卑なだけであれば後味が悪くなりますが、女性がまたそれに輪をかけて言い返しているので爽快感があります。

赤松啓介さんが戦前まで残っていた庶民の性風俗、性文化をフィールドワークした『夜這いの民俗学・夜這いの性愛論』を読むと、かつての日本は性のエネルギーが豊かで、それが社会の中でうまく循環していたことがわかります。

思い返すと、昭和30年代から40年代は、まだそういう良いエネルギーとしての猥雑さが残っていた時代でした。今の時代にはフィットしないかもしれませんが、自分は心の片足をその時代に突っ込んでいるくらいに考えてみると、現実社会も少しは生きやすくなるかもしれません。

昭和の映画もおすすめです。『砂の器』の加藤嘉さんには胸が熱くなります。親子の旅路は、映像と音楽の一体化の傑作です。小津安二郎の『浮草』の中村鴈治郎と京マチ子の言い合い、杉村春子の味、若尾文子の魅力は、心に焼き付いて離れず、先日もブルーレイ版で買い直しました。

昭和の映画には、今の時代には作れない味があります。

生命感を高揚させるダンス

50歳になると、体力的な衰えとともに、「やる気が出ない」といったような、メンタル面での下降感も出てくる時期です。そんなときに魂を奮い立たせる方法を考えてみます。

以前対談させていただいた分子生物学者で筑波大学名誉教授の村上和雄さんは、「遺伝子をスイッチ・オンする」という言い方をされます。眠っているＤＮＡに火を付けるというか、私なりに解釈すれば、一流の人や優れた人に出会うことで刺激を受け、自分でもやってみようというポジティブな気持ちになることだと思います。この習慣を、50歳になったら意識的に始めてみましょう。

たとえば音楽でも絵画でも、素晴らしい表現に触れると、自分でも何か表現したくなります。つまり表現欲求がスイッチ・オンになるわけです。

50歳から始めるのでは遅過ぎるなんて考える必要はありません。精神文化に関わる表現の場合、年齢による差は考えなくてもよいのです。

重要なのは表現することです。

たとえば生け花を習っている方は、できた作品を人に見てもらうことがうれしい。お茶を習っている方なら、茶席で着る着物や使う器といった、いろいろな作法自体が表現になっている。

私がとくにいいなと思っているのがダンスです。ダンスとは、人間の表現欲求の一番原初的な発露の形で、とりわけ体内のエネルギーを呼び覚ますものだからです。日本ではかつて、50歳でダンスをするという方は、社交ダンス愛好者を除けば、あまりいなかったと思います。でも今はいろいろなダンスの会があって、フラメンコやフラダンス、女性にはベリーダンスもあります。それらに参加している中には、50歳どころかかなり高齢の方もいらっしゃいますが、みな元気で幸せそうです。

動物行動学という領域を開拓したコンラート・ローレンツの『ソロモンの指環』に詳しいですが、多くの動物は求愛のダンスを行います。体全体を動かして、相手への求愛の意思を表現するわけです。

この本によれば、トウギョという魚は、もう一匹のトウギョと出会うと、「輝くような情熱のダンス」を始めます。本当に美しく色とりどりに輝きだすのです（面白いことに、このとき性別はわかっていないので、相手がメスなら恋の輪舞、オスなら闘いになります）。

それと同じように、ダンスは生命の高揚感をもたらし、エネルギーを活性化させてくれます。体の中心軸をしゃんと立て、リズムに合わせて踊ることは、脳をはっきりさせる効果もあると聞きます。

感性が、まさに「スイッチ・オン」した感じを味わえるはずです。

現役を続けるパワーに触れる

私は夜に一人で、中森明菜さんの昔の映像を収めたDVDを見ることがあります。「DESIRE —情熱—」や「TANGO NOIR」を見ると、大袈裟でなく命を削りながらと言ってもいいくらいの激しさが伝わってきます。「80年代の中森明菜ってこんなにすごかったのか！」と今さらながらに感動し、力が与えられる思いです。

私があるとき大学の授業で「昨晩は中森明菜のDVDを見ていて、気づいたら朝4時半だった」と話したところ、授業が終わったら一人の学生が教壇に近づいて来て、「自分も明菜さんの大ファンです」と言ってきました。

今の学生にとっては生まれる前のことになりますが、「昔の映像を見て、こんなにすごい歌手がいたんだな」と思ったそうです。そのときは昼休みの間、中森明菜さんについて二人で盛り上がりました。

私と学生たちとでは、35歳以上も年が離れています。それでも、表現者に対するリスペクトというものがあると、まったく年齢とは関係なく盛り上がれるわけです。人の全盛期というのは、定めがたいものです。中森明菜さんの近年の『歌姫』シリーズや『FIXER』『Belie』『明菜』といったアルバムを聴き込むと、ずっと全盛期のような気もします。コンサートで歌う「予感」という曲も、年を経るごとに味が深くなっています。

ちなみにこの「予感」は、歌詞と曲が絶妙な自然さでまとまった名曲ですが、飛鳥涼さんの作詞・作曲です。私は「予感」をきっかけとして、「ひとり咲き」や「モーニングムーン」などをまた聴き直し、才能に胸を打たれています。

サッカーのカズ（三浦知良）選手は、51歳となった2018年シーズンも現役選手としてJリーグ（J2）横浜FCでプレーしています。まさに『やめないよ』というタイトルの本も出していますが、同書のプロローグには、こんなことが書かれています。

「引退」という言葉も周囲からは何度か聞いた。世間の声も耳に入ってきた。けれども、いま、僕の中では、どこでどんなふうに引退しよう、なんていう設計図はまったくない。カズらしさを持ったままで引退、とか、辞めるときのタイミングが大事、などと、いろんなことを言う人がいるけれど、僕はもう、そんなことすら考えていない。タイミングを計って引退するなんてことは、もはや僕の選択肢にはない。そんなことも考えずに、ただ今日も一生懸命やる、明日も一生懸命やる、それだけなのだ。

この本が出たのは2011年1月のこと。すでにそれから7年以上たっているのですが、カズ選手は今もまったく変わらない気持ちで、日々を過ごしているに違いありません。

カズ選手を語るときに欠かせないのが、1998年フランスW杯の直前になってメンバーを外されたことです。そのときは「日本代表としての誇り、魂みたいなものは向こう（フランス）に置いてきた」という名言を残しています。

『やめないよ』でも2010年5月の項で、南アフリカ大会のメンバー発表に際して、

「W杯メンバー発表というものを僕はワクワクして迎えるんだ。『もしかしたら……』。毎回何かと話題に上り、そんな気持ちに周囲のみんながさせてくれるからね」と書いています。

そして2018年のロシア大会のときも、「また俺は落選だ」と冗談を言っていたそうです（夫人である三浦りさ子さんのブログより）。

選手としての市場評価は、日本代表のエースであった時代から考えると、当然下がっているわけです。現実的に、J1のクラブでカズ選手と契約しようというところはないかもしれない。しかし、まだ少しでもうまくなりたいと思って、毎日トレーニングを続けている。

その決して折れない生き方は、世間の評価に対して、自分が揺らぐことはないという強い意志を示しています。

魂を震えさせるもの

2018年7月、サッカーの現役スペイン代表選手で、世界屈指の強豪クラブFCバルセロナでも長年にわたって活躍したアンドレス・イニエスタ選手が、Ｊリーグのヴィッセル神戸に加入しました。これは日本サッカー界にとってはもちろん、私にとっても驚天動地の出来事です。

私はこの10年間、テレビで放送する限りバルセロナの試合を見逃したことがありません。つまり、この間のイニエスタのほぼ全プレーを見たと言い切れます。

私はイニエスタと、チームメイトで世界最高のＦＷであるリオネル・メッシ選手とのコンビプレーを見ていると、神のようだと感じていました。

たとえばメッシが中盤のイニエスタに対して、いったん下げるパスを送ります。すると相手選手は全員がイニエスタに気を取られるのですが、その瞬間イニエスタはワンタッチで、相手ＧＫとＤＦの間にボールを浮かせたパスを出すわけです。走り込んだメッシは、難なくゴールを決める――。

そういう1秒にも満たないような一瞬の奇跡は、すぐに脳裏から消えていってしまいます。ゴッホの絵画のように残ればいいのにと思うくらいです。この一瞬を永遠の記憶として刻み込もうと、私は頑張るわけです。

話のついでにはなりますが、かつてフジテレビ系の「スポルト」というスポーツ番組では、リーガ・エスパニョーラのコーナーのBGMとしてスティーブ・スティーブンスの「フラメンコ・ア・ゴー・ゴー」という曲が流れていました。

この曲を流しながら仕事をすると、とても調子が上がるのです。メロディーを聴くだけで、私の脳の中で、イニエスタとメッシのコンビの〝神プレー〟が再生されます（YouTube上のこの曲のコメント欄でも、同様の書き込みを多く見ました）。

イニエスタとメッシを始めとしたバルセロナの美しいサッカーが思い出され、精神の高揚とともに仕事にもやる気が出てくるのです。

50歳以降は、あえて社交を断つような人間ぎらいでもかまいません。ですが、自分の魂を震わせてくれるような何物かに、意識的に触れていく必要があると思います。

第4章

孤独の時代を越えて

自分に何の才能があるのか？

『罪と罰』の主人公であるラスコーリニコフは、自分は優秀なのに認められていないという思いを募らせた結果、殺人に至ってしまいます。

正直に言ってしまえば、私は20代の頃、精神的にはまさにラスコーリニコフ的な生活を送っていました。プライドだけ高いのに、仕事がなく、孤独感にさいなまれ、世間に対する敵意すら抱いていました。そんな時代がおよそ10年も続いたのです。まさに「暗黒時代」でした。当時の私の苦労は、おそらく誰にもわかってもらえないだろうなと、いまだに思っています。

当時は「才能を発揮したい。だけどその才能が何だかわからない」「自分は才能があるはずなのに、誰も認めてくれない」という状態が続いていました。

一方で大学の同窓生たちは、官僚になったり大手企業に就職したりして、社会でバリバリ仕事をしています。私は鬱屈するばかりでした。

私たちは誰でも、他者から認められたいという感情を根源的に持っています。しかし、当時の私を認め、求めてくれる人は誰もいなかったのです。

心理学者のアブラハム・マズローも、人間は高次の欲求として、「自分が価値ある存在であると実感したい」「実績によって賞賛や報酬、信用を得たい」といった自尊心の充足と他者からの尊敬を求めるとしています（欲求段階説）。人から認められるということの満足感は、とても大きなものです。だからみな、SNSで「いいね！」を付けてもらえるとうれしいのです。

本章では、私が主に孤独時代に培い、これまで実践してきた、心の傷や嫉妬心といったマイナスの感情を克服する手がかりのようなものを述べていくことにします。

自分を表現できる喜び

私が明治大学に専任講師の職を得たのは33歳の時です。

それまで子どももいるのに無職という状態が続いていたわけですから、定職を得られたということは、生活のうえで大きな安心感を得ることができました。

しかしそれよりも、これで自分の考えていることを若い人たちに伝えられる、という喜びのほうが大きかったのです。それは研究で得られる達成感とは、また違う種類の喜びでした。研究では人から認められようと思ってもなかなか難しい。いくら深く掘り下げたとしても、その深さに到達するのがどれほど大変だったかということは、なかなか理解してもらえないものです。

それに比べて、人に何かを伝えることは、こんなにすっきりできるのかという驚きがありました。一種のスポーツのような快楽で、解放感と言ってもいいと思います。

いまでは大学のない日曜日はかえって苦痛です。休息を取るどころか、何か悪いものがたまってくる感じさえあります。だから私は、月曜日の午前中には授業を入れて、日曜日の分を吐き出すようにしています。

夏休みや春休みの長期休暇期間には、吐き出しがうまくできないので調子が悪くなります。せめて夏休みは、毎年集中授業を入れて一息つくことにしています。それだけ私にとって、話を聞いてくれる大学生は必要な存在なのです。

大学では「サバティカル」といって、新しいテーマの研究などのために1年間の休暇を取ることが認められています。私は勤続年数も20年を越えており、当然その権利は持っているのですが、いまだに使っていません。

それは自分にコントロールできるものか?

私は自己肯定力が人並み外れて高いと自覚しています。それでも傷つくときは、一人前に傷つきます。授業では毎回感想カードを出してもらうのですが、99人が褒めていても1人が否定的なことを書いていたら、それが気になってしまいます。自己評価が高いことが、かえって悪いのかもしれません。

不本意なことに対処する方法として、私は「その問題が、自分でコントロールできたものなのか」という観点で切り分けていくようにしています。

たとえば、ある仕事を引き受けて楽しみにしていたのに、それがなくなってしまった場合です。

相手の事情の変化が原因なのであれば、コントロールはできない。予算の都合だったり計画の変更だったり、気が変わるということだってあるかもしれませんが、とにかく相手側の都合であれば、致し方ないと考えるのです。心のシャッターを下ろすイメージで、それから一切考えないようにする。

反対に自分でコントロールできた場合なら、どのようにしていたらこの状況を回避できたか、と考えてみます。といってもたいていは「いずれにしても駄目だったんだろうな」という結論に落ち着きます。

自分が決定的なミスをして、話がご破算になってしまうこともあるでしょう。この場合は、そもそもそのミスが原因なので、「なかったとして」と仮定するのは無意味です。反省することは大事ですが、50歳にもなると、失敗を修復しようと試みるよりは、一種の自然災害として受け入れたほうがよい場合もあります。

あるいは、ある仕事を終えたところ、結果が芳しくなく次につながらなかったということもあります。低評価ということです。低評価を受けるとどうしても痛みが出ます。そういった痛みに対してどう対処するのがよいでしょうか。

時間の治癒力を生かす

「もう終わったこと」と考えても、恨みや名残などの心の傷は、なかなか回復するのが難しいかもしれません。

そういうときは時間の治癒力に頼るしかないのですが、その治癒力を最大限に発揮させる方法があります。意識して時間をとにかく早く回す、単純に言えば、とにかくたくさんの予定を詰め込むということをします。

旅行に出るのが一番ですが、それが無理でも映画を立て続けに見るとか、いろいろな人に会うということを実行してみるのです。読書のような静かなものよりは、移動によって空間の変化を感じられることのほうがよいでしょう。

するとく、3日前のことでも「そんなこともあったっけな。ずいぶん時間が経ったような気がするけど」と、2週間前のことのように感じられてきます。

私の場合、九州への日帰り旅行などをよくします。そういう強行日程をこなしていくと、1週間前のことがとても遠い過去のように感じてきます。

あるいは特別な食事をしてみる。たとえば調子が悪いときに、「これはうなぎを食べて、プラマイゼロにするしかない」と自分に贅沢をさせるのです。その時のために、普段はあえて食べないように心掛けておく。

私は、つい前の日にあったことを説明しようとして、「このあいだ」と言ってしまうことがよくあります。「それは昨日のことでしょう」と突っ込まれたりしますが、決して嘘ではなく、「昨日」とうまく言えないのです。

もちろん冷静に考えればわかることですが、感覚的には「昨日」も「このあいだ」に含まれてしまいます。なぜかと言えば、いろいろなことを詰め込むうえに、それぞれに心を入れ過ぎるために、前のことが遠くなってしまうのです。

私はテレビでスポーツ観戦するときも、かなり心を入れて見ます。その結果、サッカーなら1試合90分が終わると、どっと疲れてしまう。私は対戦しているどちらのファンでもないことが多いのですが、スタジアムの観客何万人分の熱狂がそのまま自分の中に入ってきてしまうのです。

そんな濃密な時間を過ごした後では、それ以前にあったことがうまく思い出せなくなるのです。記憶が朦朧としているわけではないのですが、一回感情の大波をかぶってしまったことで、それ以前の時が遠く感じられ、リアリティーがなくなるということです。

愚痴を言ってもかまわない

それでもまだネガティブな感情が残る場合は、ちょっとした愚痴を吐き続けていてもいいと思います。すると、おなかを壊しても、やがて胃腸が修復されていくように、心の痛みも徐々に治っていくと思います。

1日でスパッと断ち切ろうとするのは無理があります。「これだけのことがあったのだから、1〜2週間はかかるよな」くらいに割り切って、実際その間愚痴をこぼしていれば、やがて心の傷が癒されていきます。「全治1カ月」と予測して口に出してみるのも、自己客観視に役立ちます。

決して愚痴を言わないという生き方はもちろん立派です。しかし私は、家族など信頼できる間柄の中であれば、出したほうがいいという考えです。

家族は法を超えた、というとオーバーですが、世間とは違う基準でできているものです。外面で付き合うのではない、「野性のぶつかり合い」の場所であるから、愚痴も遠慮なく吐き出し合う。そうすることで、ようやく世間に対する顔を保つ体力が蓄えられると言ったらいいでしょうか。心のデトックス、つまり感情の老廃物や毒素を排出し尽くすといったイメージです。

ただし、やはり限度はあります。愚痴は言い続けているとどんどん止まらなくなって、癖になってしまうところがあるのです。昔は「壊れたレコードみたい」と言ったものですが、曲の同じフレーズを何度も繰り返すように、恨み言をずっと言い続けることになりかねません。半年から1年も愚痴が続くということだと、ちょっと傷が深過ぎるというものです。

その場合には、とにかく問題から離れることが大事です。心理的に遠ざかる。先に述べた、「自分でコントロールできたことか」で切り分ける。あるいは時間の治癒力を最大限に生かす。これらも利用して、マイナスの感情から早く遠ざからなければなりません。

神様でも嫉妬する

第2章では、嫉妬心が社会にもたらす害悪について考えてみました。少し重なるかもしれませんが、ここでは私自身の嫉妬の感情について振り返ってみます。

嫉妬心は、ある種の競争心とセットになっていると思います。ライバルよりも評価されたいという思いは、誰の中にも普通に存在するはずです。本章冒頭で述べたように、若い頃の私も「何で自分は認められていないのに、あの人は認められているんだ」という嫉妬心にとらわれていました。

やる気がある人ほど嫉妬心が湧き上がるのは、自然なことだと思います。そこから向上心につながるのであれば、決して悪いことばかりではないでしょう。

嫉妬心を持ち続けた人の例として、漫画の神様・手塚治虫が挙げられます。その激しい嫉妬心は、晩年まで続いていたとも言われます。

客観的に見れば、手塚先生は嫉妬するような立場ではありません。なにしろ日本の漫画界をつくった天才、というより「神様」です。その「神様」ですら、売れている人や新しく出てきた人に対して何か言いたくなってしまう。よく知られているのは、石ノ森章太郎先生との関係です。

トキワ荘から巣立ち、すでにスター漫画家となっていた石ノ森先生が、ほとんどセリフの入らない実験作『ジュン』を雑誌連載していた頃の話です。この作品について手塚先生が否定的な発言をすることがあったのですが、それがやがて石ノ森先生の耳に入ってしまいます。尊敬する師からそんなことを言われて、石ノ森先生は大変なショックを受けます。編集部に対して自ら連載終了を申し出たくらいでした。

それを知った手塚先生は、石ノ森先生の自宅に赴き、「申し訳ないことをした。なぜなのか自分でもわからない。自分でもイヤになる」と頭を下げたそうです（石ノ森章太郎「風のように…」より）。

手塚先生がそんな発言をした真意は本人の口からは明かされていませんが、石ノ森先生の才能に嫉妬したからということに間違いないと思います。

それは裏返すと、何歳になっても自分が第一線で最高の人気を誇っていたいということなのでしょう。若い才能に対して余裕を持って接することができないのです。

そんな気持ちがあるからこそ、たとえば『ブラック・ジャック』を週刊誌連載することができたのだと思います。あれだけの内容の話を毎週連載していたというのは、今考えたらありえない奇跡です。

ひがまず褒める

ただし手塚先生のような天才は別格として、普通の人である私たちは、50歳にもなったら嫉妬の感情を見せないようにするのが大事だと思います。

私自身は、50歳前後で嫉妬の心理習慣を落とすことにしました。「いい年をしてそういうのもダサいな」と思ったからです。

出版の世界では、内容がそれほどとも思えないのに、なぜかすごく売れる本がありま す。それまで私は、「こんな本が売れてしまうなんて」という思いを捨て切ることができませんでした。しかし考えてみれば、売れた本には必ず良い部分があるはずです。だから私は、もうそんな言い方は絶対にしないと誓いました。

大きな理由は、私がひがんでいるように受け取られたくないということです。50歳過ぎて誰かをひがむというのは、ものすごくかっこ悪い。これが30歳の人であれば、競争心の発露として理解できなくもありません。しかし50歳になってまで競争心をむき出しにするのは、あまりに人間ができていないというものです。

では、どうしたらいいか。私は自分がひがみそうになる瞬間、逆に褒めてみるということを心掛けるようにしました。内心の評価とは違っても、少し盛りながら褒めてみるのです。実際に声に出して言ってみると、心が楽になることに気づきました。

以前トークショーでご一緒したことのある秋元康さんは、その席で「何であれ、ヒットしているものは必ずリスペクトする」と言われていました。決して「こんなものが売れるなんて」などと思わないのでしょう。稀代のヒットメーカーである秋元さんは、たとえ自分の知らない分野でも、流行やヒット商品と呼ばれるものにはひととおり目を通し、それがなぜ売れたかを調べて、自分の仕事へのヒントを探っているそうです。

私はその話を聞いて、「なるほど。他人の成功を虚心坦懐に受け止めることができるから、自らもあれだけのヒット作を出すことができるんだな」と思いました。

自分の課題か他人の課題か

アルフレッド・アドラーの創始した心理学（アドラー心理学）では、解決しなければならない問題があったとして、それが自分の課題であるのか、それとも他人の課題であるのかを分けて考えます。「課題の分離」と呼ばれるものです。

一見ドライですが、人生の課題は本人が解決するべきものです。たとえば精神科医やカウンセラーが、患者（相談者）の悩みを全部引き受けてしまったら、今度は自分が病気になってしまいます。もちろんそんなことにならないよう、彼らは職業的な訓練を受けていますから、上手に対応することができるでしょう。しかし私たちは、家族の問題であれ友人の問題であれ、自分ではない他人の問題までもかぶってしまうことがあります。

このとき「それはその人の課題であって、あなた自身の課題ではないと考えなさい」というのがアドラーの考え方です。とても当たり前に聞こえますが、実際にこう考えてみると心を整理しやすくなります。

これを少し変換すると、「他人の成功・失敗はその人の問題であって、私の成功・失敗とは関係ない」ということも言えます。

たとえば自分の同級生が社会に出てすごく成功したとします。日本では、とかく同学年ということが意識されます。社会に出てからも、同期入社で出世レースを強いられます。そのなかで、誰かの成功をねたんだりしてしまうのもやむを得ないところがあります。もちろん若い頃から自分を他人と比較しないということが身に付いている人は非常に結構ですが、横並びで競争する習慣が身に付いてしまっている人のほうが多いことでしょう。

そのとき、誰かの成功と自分の不遇は一切関係ない、他人の幸不幸は自分の問題ではないのだと考えられれば、ねたみから離れることができます。

こうした考え方は、50歳になってからのほうが受け入れられやすいものです。なぜかと言えば、死というものがリアルに見えてきているからです。

成功して金持ちになっていようが、失敗して借金を抱えていようが、死んだらそこでゲームオーバーです。100億円持っていても、来世に持っていけるわけではない。そう考えれば、ジタバタする必要もなくなるというものです。

本を捨てるということ

仏教では執着を捨てなさいということがよく言われます。執着を捨てた境地にこそ慈愛が存在すると。若い時だったら「そうは言うけどなかなか捨てられるものでもないよ」と思ってしまうものです。でも50歳になると、「ああ、こういうことだったのか」と気づくことができます。

読者の方は驚くかもしれませんが、私は50歳を過ぎて、本を捨てられるようになりました。これまで相当な量——おそらく何千冊という単位——を手放しているはずです。もちろん大事な本は残すようにしていますが、20代、30代のときには、こうなるとは夢にも思いませんでした。本を捨てる人の気持ちが理解できず、よほどのことがない限り、自分は本を捨てないものだと確信していたのです。それが、こんなに思い切りよく手放せるなんて、と自分でもびっくりします。

理由を探せば、やはり50歳を過ぎて先が見えてきたからだと思います。

これからやりたい仕事の質や量を考えれば、必要な分は自ずと見えてきます。買ってからいままで10年間読んでいなかった本について、「まだ読む可能性がある」と考えるのはさすがに現実的ではなくなってきました。

これまで執着していたものを手放すということで、新たな気楽さを手に入れるということです。

50歳になったら物欲が整理される

実際50歳を越えると欲望がしだいに整理されてきます。

私の場合、まず物欲が止まりました。自分にとって必要十分なものさえあればいいということに気づき、余計なものは欲しくなくなったのです。

とくに着るものに関しては顕著です。大学に行くときのシャツはこれにしよう。下着なら、このトランクスを穿こう。靴下はこれに決めた——。

こう決めると、あれこれ悩むことがなくなりました。それらをある程度の量買いだめしておいて、一生過ごしてもよいとさえ考えています。

嗜好品についても同様です。私も少しは値の張る機械式腕時計を持っていて、テレビに出るときに付けたりします。しかし、普段は普及品の電波時計です。絶対に時間がズレないというのが、なにより素晴らしいからです。私は入試監督をすることがありますので、1秒単位で時間を計る必要が出てきます。機械としての精巧さと美しさのような面から見た場合、電波時計の評価は低いと思いますが、私にとっては、人類はここまで来たのかという喜びがあります。

食欲にしても、毎日の朝食ならこれといったように、好きなメニューが決まってきます。

金銭欲もそうです。ある程度の蓄えができれば、そんなにあくせくしなくてよくなります。それよりも健康のほうが大事だとなるでしょう。

もう一つ、性欲という問題があります。これに関しては、悩まされることがなくなったという人がいる一方で、まだまだそうはいかないという人もいます。

50歳からの性愛については考えなければならないことが多いので、次章で詳しく述べることにします。

絶対的な幸福の根源を持つ

つい先日の話ですが、大学で授業を終え、エレベーターを待っていたときのことです。

私がフンフンっと鼻歌まじりに軽く踊りながらエレベーターを待っていたら「先生はい

つもハッピーですね」と声をかけられました。

「君たちに教えていられるだけでハッピーだからね」と答えたのですが、これがまぎれもない本心であることは、本章を読んでこられたみなさんにはわかっていただけると思います。

私は、教育への情熱があふれ過ぎているとでも言えばよいのか、授業をしていると、自分が「ゾーン」に入っていくのがわかります。スポーツ選手が極限の集中状態に入った結果、普段以上のパフォーマンスを発揮することを「ゾーンに入る」と言いますが、私の授業もまさにそれです。学生から「今日も情熱あふれる演説で最高でした」と言われることもあるほどです。

私にとって大学の授業は、単なる職業を超えた、高揚感を与えてくれるものです。それさえあれば、他のことは「まあいいか」と済ませられるほどの、いわば絶対的な幸福の根源です。

家族がいるから幸福という方は多いでしょう。あるいは、知人に「1日に1回おいしいものを食べるために生きている」と公言する人がいました。最初私には理解できなかったのですが、そういう幸福もありえるでしょう。

ペットといることが幸福という人は多いはずです。

私の家には犬がいるのですが、幸福の芳香が、犬の体からふわっと家中に立ち込めるようにさえ感じています。犬好きの私の推測ではありますが、犬を飼っている人なら「あなたの幸せとは何ですか?」と聞かれて「犬」と答える人が、8割以上になるのではないかと考えています。

つまり私と私の家族にとって、絶対的な幸福の根源は犬である、ということになります。犬がいれば他のことはどうでもいい。もし犬が誘拐されでもしたら、どうなってしまうのだろう。そういうことをよく話しています。

一方で猫が好きな人に聞いてみると、猫をなでているだけでいろいろな悩みから解放されると言います。それはもちろん柔らかい毛の触感もあるでしょうが、猫の存在様式といったものがそうさせてくれるのだとも思います。

フランスのジャン・グルニエという作家は——ちなみにこの人は、カミュの師に当たる人です——、『孤島』という哲学エッセイの中で、自分は生来の感情としては犬のほ

うが好きだけれど、自分には猫を飼うことのほうが必要だと思うから猫を飼っていると
いったことを書いています。

これは面白い表現です。猫は自分自身の時間、自分自身の世界を持っている。人間と
は馴れ合わないけれど、人間と一緒の空間にいる。おそらくはそうした存在様式から学
ぶところがあったのでしょう。

「NO ××～, NO LIFE.」

とある大型レコード店のコピーに「NO MUSIC, NO LIFE.」というものがあります。

これが胸に入ったTシャツを着た人を見かけることもあります。「音楽がなければ人生
じゃない」あるいは「音楽なしでは生きていけない」といった意味になるでしょうか。

私は学生に、「この『MUSIC』のところを、別のものに代えてみる」という課題をや
ってもらうことがあります。

人によって、いろいろな言葉が入るはずです。

部活をやっている人なら「NO SOCCER, NO LIFE.」。

私はテレビを見るのがとても好きなので「NO TV, NO LIFE.」。とにかくワインを愛しているなら「NO WINE, NO LIFE.」。これさえあれば人生はOK、他には何もいらない。そういうものがあると、生きがいが生まれてきます。

前項で述べた絶対的な幸福の根源と同じです。後半生でこれを持つことは、若いとき以上に重要になってくると思います。

第5章

最後の恋を夢見ない

運動会で転ぶお父さん

小学校や幼稚園の運動会には、保護者が参加する競技が付き物です。私も子どもの運動会をよく見に行ったものですが、たとえば保護者リレー競走といったときに、走っていて派手に転ぶお父さんが必ずいます。まさしく「もんどり打って」という言い方がぴったりの、見事な転び方をするのです。

気になって話してみると、たいていそういう人は、学生時代は運動には自信があったと言います。考えてみればうなずけます。運動が苦手という自覚があれば、そもそも無理はしないもの。逆に、たとえば学生時代に陸上部で活躍していたような場合、当時のイメージが残っています。ところがそのイメージに、もう体が付いていかない。それで足がもつれてしまって、ひどい転び方をするというわけです。

言わば、過去の自分の幻影に、今の自分が侵されてしまっている状態です。

実は中高年の恋愛において、この「運動会のお父さん」状態が出てしまうことがあります。とりわけ50歳を越えた男性は、気を付けなければなりません。

自分は若い頃にはそこそこモテていた。まだイケていると思って、はるか年下の女性に熱烈なアプローチをしたところ、手ひどい拒絶をくらってしまったうえに、社内でセクハラの噂まで立ってしまった。

そこまで行かなくても、以前まではただの冗談で済んでいた言葉が、ある年齢になったときには冗談と受け取られなくなる。

セクハラ（パワハラも同じですが）に関して、今どんどん基準が厳しくなっています。全員が年齢に関わりなく気を付けなければならない時代です。

50歳を過ぎたら、恋愛関係において「運動会のお父さん」にならないために、自分が置かれた立場を一度しっかり認識する必要があると考えています。

恋愛問題50歳の壁

「モテる・モテない」ということは、これまで哲学では問題にされてきませんでした。

しかし、性愛の欲求は、人間にとって根本的なものです。私たちが生きていくうえで、自分には、はたして生物としての需要があるのかないのかということはたいへん重要で、むしろ真に哲学的な問題だと言えるのではないでしょうか。

私はこの問題をあまり軽く考えるのはよくないと考えています。というのは、自己肯定感、すなわち自分という存在に対する自信の根源に、「モテる」ということがとても大きく関わっているからです。

10代に入って思春期を迎える頃、この問題は大きくのしかかってきます。その頃は性の目覚めがあり、生殖機能が活発になっています。そのときにモテていないと、自信が育ちにくくなります。

20代から30～35歳くらいまでは、生物としての全盛期と言えるかもしれません。パートナーを得ていく人も多く、この問題が落ち着いている時期です。

しかしそれをピークとして、坂道を転がり落ちるように「生物としての人気（お金や地位は別として）」がなくなっていきます。

40歳の時点でも相当落ちているのですが、45歳で急激に下落します。50歳になったら、もはやほとんど生物的人気は残っていないと考えたほうがいいでしょう。身も蓋もないことを言ってしまえば、生殖機能自体がもうすでに衰え傾向にあります。

そして、はたして自分は、生物としての存在価値があるのだろうかという根源的な不安に直面することになるわけです。

生物として求められない50代

それまでがモテていなかった人は、逆に50歳の壁が非常に低いとも言えます。モテていない自分を無理なく受け入れることができるでしょう。

しかし、20代から30代のときにまあまあモテたという感覚がある場合、「人気がなくなった自分」を受け入れることは、なかなかできないものです。

他者評価の変化に自己評価を適応させる能力、「折り合い力」と言っていいかもしれませんが、それが大事になってきます。ここで折り合いをつけ損なうと、ずっと過去の幻影を追いかけるような、「イタい中年」になってしまいます。

結婚相談所のカウンセラーの方のインタビューを読んだことがありますが、来所する男性の方で、もう50歳を過ぎているのに、30歳くらいの女性の紹介を希望される場合がとても多いそうです。「45歳から55歳ぐらいの方を紹介してください」というならわかります。ところが、必ずと言っていいほど年下、それも10歳から20歳も若い相手を望むといいます。逆に考えたとして、30歳の女性で、相手は50歳以上の男性がいい、と言う人がどれだけいるものでしょうか。

この感覚のズレが、50歳独身男性を、ますます結婚させにくくしているという事情が見えてきます。

実際、この現実は受け入れ難いものです。年齢に応じたそれなりの成熟をしてきて、社会的経験を身に付け、経済的にもまんざらではないというように、50歳の男性はそれなりに自信を持っています。

しかし生物として見たときはどうか。その男性の遺伝子が欲しいと思う女性がどれだけいるのでしょうか。

フジテレビの『ホンマでっか⁉TV』に出演している生物学者の池田清彦さんは、よく「50歳過ぎの男には、生物学的に言うと、もう存在価値がない」とおっしゃいます。このことを初めに聞いたときは驚いたものですが、そうわかってみると、むしろ楽になりました。「自分はもう、恋愛の対象にはされない存在なんだな。モテようとしても無駄だな」と。

50歳は、生物としての自分に最終的に向き合う時期なのかもしれません。

セクハラ中年にならない方法

繰り返しますが、50歳の男性は、基本的にモテません。それは決して悪い自己認識ではないと思います。

たとえば、「自分はモテているんじゃないか。もしかしたら相手も好意を持ってくれているんじゃないか」という誤解から、セクハラが起きます。

しかし、「自分は基本的にはモテない。好意を持たれているわけでもない。だからセクハラと取られないように、言葉に気を付けよう」と注意していれば、問題は起こり得ません。

40歳を過ぎると、会社ではある程度の地位に就いていますので、部下からは尊重されているはずです。すると、何か自分が重要な人物であるかのような勘違いをしてしまいます。

けれども、仕事以外の場所で、上司という立場をなくして一人の50代男性として見られたときには、まったく人気がないということを自覚する必要があります。

もし人気を取りたいなら、お金を遣うしかありません。

大切なのは、恋愛市場といったものを想定して、自分はそこでどのような評価なのかという視点を導入することです。そして「いままでだってそれほどモテたわけでもなかったけれど、いよいよモテなくなってきたな」「女の人が接客してくれるお店に行かないと、話さえできない年齢になったんだな」というふうに、現実を受け入れていく。

なかなか最初は難しいですが、慣れるしかありません。

ところで私の場合を言うと、「モテる」ということを自分の評価基準にしたことはないと思っていました。モテようと思ってスポーツをしたわけではないし、モテようと思って勉強したわけでもない。もちろん仕事も、モテようと思ってしているわけではありません。

ところが50歳を過ぎて、モテ力がなくなる——生物としての人気がなくなることの寂しさを、実感することになりました。モテることへの欲求の燃えカスみたいなものが、残っていたのです。

勘違いしそうな時は、自分に向かって「お前はジョージ・クルーニーか！（ちなみに私と同い年です）」「リチャード・ギアか！」「竹野内豊か！」とツッコミを入れるようにしています。すると勘違いが収まります。

いまでは私は、どうにか「モテたい」欲求を断ち切ることができたのですが、おかげで楽になりました。「自分はモテを気にしたことはない」と思われる方でも、しっかり始末を付けることが大切だと思います。

70歳で良寛がモテた理由

とはいえ私は、高齢になってから恋愛することが不可能だと言っているわけではありません。

良寛は70歳を過ぎて、40も年下の貞心尼と恋愛関係を結んだといわれています。

これぞこの　仏の道に　遊びつつ　つくや尽きせぬ　御法《みのり》なるらむ

つきてみよ　一《ひ》二《ふ》三《み》四《よ》五《い》六《む》七《な》八《や》　九《ここの》十《とお》　十《とお》と納めて　また始まるを

これは深い雪の中、良寛を慕って留守中に訪ねて来た貞心尼の残した歌と、それに対する良寛の返歌です。毬をつくようにして、二人で仏道を修業しましょうという象徴的なやり取りをしています。

良寛は曹洞宗の僧侶ですから、本当なら恋愛はふさわしくないということになるのかもしれません。しかし良寛は自然な形で貞心尼の感情を受け入れ、残りの生涯を彼女と共に過ごします。

ここで冷静に、なぜ良寛は70歳にしてモテたのかと考えてみます。端的に言ってしまえば、良寛にはスペシャルパワーがあったからです。

まず貞心尼も仏門に入った女性として、良寛への尊敬があります。もとより歌人として、その時代すでに伝説的な存在です。そして良寛には、子どもとずっと遊んでいられるような純真さや素朴さ、大らかさがあります。

もしかしたら自分にも、これから良寛のように運命的な巡り会いがあるかもしれないと夢見ながら生きるのもいいでしょう。「いつか誰か自分をリスペクトしてくれる女の人が現れるかもしれない」「もしかしたら、200人のうち1人ぐらいは本気で自分を好きになってくれる人がいるかもしれない」というようなことです。

問題は、良寛のようなスペシャルパワーが自分に備わっているのかどうか。もしそのような魅力があった場合には、やがて出会いが訪れ、老いらくの恋とからかわれることなく、人生の最後の華を手にすることができるかもしれません。

50歳以降にモテている人も、実際います。ただし多くの場合、彼らは大富豪だったり、アーティストだったり、あるいはルックスといった、何かしら特別な力を持っているのです。

自分の持っているパワーを勘違いせず、変愛マーケットではどのあたりのポジションなのだろうと考えて、現実と折り合いをつけていかなければなりません。

フョードルに学べ

『カラマーゾフの兄弟』には、主人公であるカラマーゾフ家の三兄弟の父親として、フヨードルという人物が登場します。強欲な成り上がり地主である彼は、どうしようもない好色な男で、およそどんな女性にも性欲をかき立てられるほどです。

このフョードルが殺されるという事件が、物語の軸になっています。従来の文学史的評価では、フョードルはただの好色な人物として軽視されることが多かったのですが、私はむしろ、三兄弟よりも人物として器が大きいのではないかと考えています。

確かにフョードルは、自分の欲望に決して蓋をすることなく、好き放題やっています。彼は自分の息子たちにこう語りかけます。

「俺にとって、これまでの生涯に醜い女なんて存在しなかったよ、これが俺の主義なんだ！　お前たちにこれがわかるかい？　わかるはずはないさな」

この態度は一見、乱暴のようですが、フョードルぐらい容姿にこだわらないという男性は、正しい、正しくないという問題を超えて、器が大きいとも言えるわけです。女性というだけでウェルカムなのですから。

とうてい紳士的とは言えないけれども、自分には「醜い女なんて存在しなかった」というフョードルの考え方は、容姿にばかりこだわり過ぎる人には示唆的です。

私の周りの40歳を過ぎても結婚に至らないという男性を見ると、〝面食い〟であるというケースが多いのです。きれいな人が好きというのは責められない話なのかもしれませんが、自分の年齢を考え合わせれば、それでは候補者がとても少なくなるでしょう。男性に先に述べたような特別な力でもあれば別ですが、そうでなければほぼ難しい。言うまでもなく、〝面食い〟男性とフョードルでは、ちょうど対極にあるわけです。

フョードルは度しがたい人物ですが、自分の欲望に対して忠実であるということは確かです。それは大きな生き方であると思います。

私が新潮文庫から『ドストエフスキーの人間力』（単行本『過剰な人』を改題）を出したときに、亀山郁夫さんに解説を書いていただきました。亀山先生といえば、光文社古典新訳文庫でドストエフスキーの新たな翻訳をして、大ベストセラーにしたロシア文学の大家です。

その亀山先生から、フョードルについて述べた章について「この章は、カクメイ的である。なぜか。フョードル・カラマーゾフの復権を、だれよりも早く宣言した、という意味において」とまで言っていただけたのは、とても光栄でした。

エネルギーを想像世界に注ぐ

50歳を過ぎてモテなくなったからといって、恋愛エネルギー自体が枯渇するわけではありません。しかし、そのエネルギーを注げる相手が現実にはいないとなったときに、どうすればよいでしょうか。

簡単なのは、現実世界ではなく想像世界に振り向けることです。たとえば誰かのファンになるという方法があります。

時代はややさかのぼりますが、「韓流ブーム」が最初に起こった頃、日本の中高年女性のなかでヨン様（ペ・ヨンジュン）の人気が爆発しました。

当時の彼女たちを見ていると、よくそこまで打ち込めるものだと感心したものです。30代、40代から上は70代まで、ファン同士で情報交換をして、楽しんでいました。ヨン様が来日したときに空港で出迎えるなんてことは序の口で、すごくディープな韓国の観光情報を共有して、現地まで出かけていた方も多くいらっしゃいました。

そうしていると生活に華やぎが生まれ、生きるエネルギーが湧き出してきます。こうした恋愛エネルギーといったものは、女性のほうがうまく活用できるようです。女性ホルモンへの良い効果もあるのか、「ヨン様を追っかけていたら、自分の肌の張りがよくなった」と当時言っていた人がいました。

いま中高年女性の間で大人気なのが、ディーン・フジオカさん（おディーン様）だと聞きました。ということは、ディーンさんは、彼女たちのエネルギーを一人で受け止めるという、とても大変な責務を負っていることになります。

私の周囲にも、40代、50代で、ディーンさんのことが好き過ぎて仕方がないという方がいらっしゃいます。もちろんコンサートには行くし、映画が始まれば劇場に駆けつける。舞台あいさつがあると聞くと、そのチケットを必死で取ろうとする。

コンサートに行って実物を見られるとしばらく幸せだし、テレビドラマ『モンテ・クリスト伯』に映画『空飛ぶタイヤ』と、幸せが続く。

恋愛をしたくても、現実の男の人ではちょっとピンとこないし、実際に恋愛するとなるといろいろ面倒なこともある。何より夫も子どももいらっしゃる方も多いでしょう。

といったときに、男性的な魅力を強烈に発している存在として、ディーン・フジオカさんが浮かび上がってくるわけです。そうやって、自分の中の恋愛エネルギーを昇華していく（「ディーンさんと結婚したい」とまで言い出したら行き過ぎですが）。

ファンでいることによって、エネルギーが目覚める——つまりヨガで言うところの「チャクラが開く」ようなことが起きるのかもしれません。

女性の場合、恋愛のエネルギーと生きる楽しさの回路をうまくつないでいるケースが多いように思えます。

理性を失わないことが大事

うまい具合に性的エネルギーを昇華できていればいいのですが、それが悪い方向にエスカレートしてしまうと危険です。

一つにはストーカーが挙げられます。

女性もストーカー行為に走ることがありますが、直接的な暴力にまで発展してしまうのは稀です。それに対して、やはり男性ストーカーの場合は恐ろしく、実際にいろいろな事件も起きています。

ストーカー行為は、恋愛衝動がうまく満たされない場合に執着心に変わることで引き起こされますが、とくに男性の場合、性衝動が直接的で激しいため、それが攻撃性に変わっていきやすいのです。執着した段階でやめようと思っても、やめることができない。理性で抑えきれなくなるわけです。

あるいは習慣的なストーカーにならなくても、突発的なトラブルが引き起こされることもあります。

たとえばお酒を飲んだうえでのトラブルです。お酒の席で、普段そんなことをしそうもない人なのに、突然知り合いでもない女の人に抱きついてしまうといったことが起こります。

私はあるときから、お酒をほとんど飲まなくなりました。30代の頃はお酒をひたすら飲んでいたのですが、「あんなに飲んだけど大していいことはなかったな。いつも気持ち悪くなっていたから、そもそも酒に弱かったのかもしれない」と思って、控えることにしたのです。当然、お酒をめぐるトラブルなど、今では起きようがありません。

芸能人が巻き込まれる不祥事を見ていると、男性の事件のかなりの割合にお酒が絡んでいる印象を受けます。

日本人は、お酒に寛容と言われてきましたが、それも昭和までの話。現代においてはとても厳しく見られるようになっています。酒に酔ったからというのは、言い訳にならないどころか、さらに厳しく見られます。セクハラもそうですし、痴漢を疑われるだけでも、とんでもないダメージを受けてしまいます。これらのリスクを、あらかじめコントロールしておくことが必要です。

自分がどこで理性を失うかということを整理していくと、お酒であったり寝不足であったり、あるいは空腹であったりと、原因がはっきりします。そして、そこから自分を遠ざけるようにするのです。

50歳になって自分がモテないことを自覚できたとしても、恋愛のエネルギーを根元から断ち切れというのは無理があるかもしれません。それよりは、エネルギーを問題のないところに流し込んでいくのがよいと思います。その点では、好きなタレントの追っかけにはまる女性のやり方が参考になります。

第6章

喪失の悲しみ、そして自らの死への覚悟

孔子はなぜ慟哭したか

50歳になると、死というものが間近に迫ってきたことを自覚します。それはたいていの場合、まずかけがえのない者との死別という形で現れます。

仏教でも「愛別離苦」（愛する者と別れる苦しみ）として、人間の「八苦」のうちの一つに数えられています。

愛する人を失った心の痛みは計り知れません。いつまでも心の痛みが消えずに残るものです。

孔子には、顔回《がんかい》という愛してやまないお弟子さんがいました。その顔回が、あろうことか自分より先に亡くなってしまいます。そのとき孔子は、声を上げ、体を震わせて泣きます。弟子から見ると、それは孔子らしくない、異常な悲しみ方だったようです。

顔淵《がんえん》死す。子、之れを哭《こく》して慟《どう》す。従う者曰わく、

「子慟す」
曰わく、
「慟する有る乎《か》。夫《か》の人の為めに慟するに非ずして誰《た》が為めにせん」
（先進第十一　10）

（顔淵が死んだとき、先生は身をふるわせて声を上げて慟哭された。先生はこのような激しい悲しみ方をされる人ではなかったので、おともの者は驚いて、「先生が慟哭された！」といった。

先生は、この言葉に気づいてこういわれた。

「そうか、私は慟哭していたのか。この人のために身をふるわせて泣かないのなら、一体だれのために慟哭するというのか」）※顔回は字を「子淵」といい、そのために「顔淵」とも呼ばれていた。

また孔子はこうも言っています。

「噫《ああ》。天、予《わ》れを喪《ほろぼ》せり。天、予れを喪せり」（ああ、天は私をほろぼした。天は私をほろぼした）

孔子は、自分の道と学問を本当の意味で受け継ぎ、さらに発展させていくことができるのは、顔回しかいないと考えていました。すべての希望を顔回に懸けていたわけです。自分の後継者として深い愛を注いでいた存在が亡くなってしまったことによる悲しみが、孔子に「天は我を滅ぼした」とまで言わしめたのです。

その後、ある人から「お弟子さんの中で、だれが学問好きと言えますすか」と尋ねられた孔子は、こう答えています。

「顔回なる者有り、学を好む。不幸短命にして死せり。今や則ち亡《な》し」（顔回という者がいて、本当の学問好きでした。不幸にして短命で死んでしまいました。今は、真の学問好きといえるような者はおりません）

友情は生き続ける

一緒の時間を過ごし、共に切磋琢磨した友人を失うと、自分の身も切られるような痛みを味わいます。

私ぐらいの年になりますと、亡くなってしまう友人も出始めます。

40歳ぐらいで友人を病気で亡くしたときは、カラオケボックスに仲間で集まり、生前に彼が好きだった歌をみんなで歌って泣きました。そうやって、かつて一緒に過ごした「自分たちの時間」を追悼したのです。

私も子ども時代から何度となく読み返しているボクシング漫画の不朽の名作『あしたのジョー』において、私にとっての物語のハイライトは、主人公・矢吹丈（ジョー）の宿命のライバルだった力石徹が亡くなるエピソードです。

力石はジョーとプロのリングで戦うという約束を果たすために、過酷な減量をして階級を落とし、ジョーと対戦します。試合中にジョーが放ったテンプル（こめかみ）へのパンチが原因で、力石は試合後に死亡します。力石の死を知らされたジョーが悲しみの絶叫をするシーンは、今でも目に焼き付いています。

最大のライバルを失ったジョーが、ショックでしばらく立ち直れなくなってしまうのも当然です。

物語の後半にさしかかって、ジョーは東洋バンタム級王者・金竜飛とのタイトルマッチに挑みます。朝鮮戦争での悲惨な体験を語ることで金はメンタルで優位に立ち、ジョーを追い込みます。しかしジョーは、過酷な減量を耐え抜いた力石のことを思い出し、力を振り絞って逆転勝利を収めるのです。

友人を亡くしたとしたら、誰もがその喪失感に打ちひしがれます。しかし、その友人の思いや、共に過ごした時間の思い出を自分の中に流し込めば、その後も共に生きることができます。

高校野球の甲子園大会では、不幸にして亡くなったチームメイトの遺影を抱いて入場行進したり、その背番号の入ったユニフォームをベンチに掲げたりといったことをします。

そうすることで、亡くなった友人の遺志を自分たちの中に流し込んでいるのです。

追悼は新たな出会いの機会

2018年5月、歌手の西城秀樹さんが亡くなりました。私の世代にとっては憧れの大スターで、私自身も中学時代にみんなの前で西城秀樹のまねをして歌ったことがあるくらい、思い入れがあります。たとえ面識がなくても、自分がずっと応援していたスターが亡くなれば、大きな喪失感があるものです。

そこで私は「西城秀樹追悼週間」と銘打って、持っていた西城さんのCDを引っ張り出して、それをひたすら聴くということをやってみました。

その1週間はすぐに過ぎたのですが、まだ物足りない気持ちが残っていたため、「追悼月間」に移行しました。その間、家で仕事をするときなど、ずっとリピート再生で聴き続けたことで、「こんなに歌がうまかったんだな」「すごく魅力的な声だったんだな」と、西城さんの素晴らしさを改めて感じることができました。

これまでも気に入っていたはずですが、亡くなるまでこれほど真剣に向き合ったことはなかったかもしれません。

私は藤圭子さんが亡くなったときも、同じように追悼期間を設けてひたすら聴き続けました。

高倉健さんが亡くなったときは、健さんの出ている映画のDVDを、立て続けに見ることをしています。

亡くなって初めてというと遅いように聞こえます。しかし追悼の気持ちが、よりいっそう故人に真剣に向き合う気持ちを与えてくれます。故人のパッションを受け取るという意味では、悲しいことではありますが、喪失も一つの出会いの機会になりうるのです。

魂を引き継ぐ

浪曲師の国本武春さんが亡くなったのは2015年12月のことでした。

国本さんには、私が総合指導を行っているNHK『にほんごであそぼ』に、国本さんの一番弟子であるという「うなりやベベン」として出ていただいていました。番組のためにたくさん曲を作ってくださり、人間的にもとても素晴らしい方でした。もちろん子どもたちからも大人気です。

亡くなった後にスタッフで話し合った結果、国本さんには、ベベンさんとして生き続けてほしいという考えでまとまりました。ご遺族にもご理解いただいて、番組には今なお映像出演を続けています。パペット人形の「ベベンくん」も合わせて、コンサートでも番組でも、いろいろな形で残っていただいているのです。

こうして、子どもたちに日本語を楽しく伝えたいという、国本さんの遺志は生き続けることになりました。

亡くなった人を真に追悼するのであれば、その遺志を受け継ぐという感覚が大事だと思います。

幕末の思想家であり、自身の私塾「松下村塾」で、後に明治維新の立役者となる若者を多く育てた吉田松陰は、同志へ送る遺書として「留魂録」を書き残しました。

松陰はそのなかで、次のようなことを言っています。

自分は30歳で死ぬ。しかし春夏秋冬という四時《しじ》は過ごしたから、別に悔いはない。10歳には10歳の春夏秋冬があり、20歳には20歳の、30歳には30歳の春夏秋冬がある。自分は種として死ぬ。それが実になるとするならば、それはみんなの仕事だ。同志よ、あとはよろしく頼む——。

つまりここには、私の志を引き継いでほしいという、同志に向けたメッセージが込められているのです。

身はたとひ　武蔵の野辺に朽ちぬとも　留め置かまし大和魂

これは「留魂録」の冒頭に置かれた歌です。「死罪になって、たとえ体は武蔵の野辺で死に絶えるとしても、大和魂はここに置いていくよ」といった意味です。

「留魂録」は門下生の間で回し読みされ、彼らの行動の原動力となります。幕末の動乱期において、亡き師の遺志を継ぐということは、本当にリアルなことだったのです。

松陰が松下村塾を主宰していた期間はわずか3年弱に過ぎません。しかしそのなかで高杉晋作と久坂玄瑞、伊藤博文や山県有朋などが育っています。そうやって松陰の謦咳《けいがい》に接した者たちが、その後歴史を変えていったことになります。乃木希典も松陰の叔父である玉木文之進（松下村塾創始者）の弟子でした。

ところで誰かの遺志を継ぐといったときに、必ずしも自分が直接関わった人でなくてもいいと思います。「あの人が亡くなったのか。では、あの人の本を読んでみよう」「映画を見てみよう」といったことを、私はよく行います。

喪失のインパクトが残っているときほど、深いところでその人の真髄に触れることができると思います。

辞世と弔辞に表れる日本人の死生観

日本人の死生観では、辞世の句（詩歌や言葉）を作って、死を迎え入れるという作法が定着しています。

一つ面白い例を挙げると、『東海道中膝栗毛』の作者である十返舎一九《じっぺんしゃいっく》は、こう残しています。

この世をば　どりゃおいとまに　せん香の　煙とともに　灰《はい》左《さ》様《よう》なら

いかにも当代随一の戯作者らしく、自分の死をも作品化しています。それによって、恐怖心や無念の思いを減らしていくということもあると思います。

戦国期の茶人で、わび茶を完成させた千利休は、最期に漢詩を残しています。

利休は秀吉に仕え、一時は蜜月関係にありましたが、やがて秀吉の不興を買うことになり、自ら死を選ばなければならなくなります。
そうして利休は、自分の無念さをすべてなげうつような、恐ろしいほどの気迫が込められた詩を残したのです。

人生七十《しちじゅう》　力囲希咄《りきいきとつ》
吾《わ》が這《こ》の宝剣　祖仏共に殺す
提《ひっさ》ぐる我が得具足《えぐそく》の一つ太刀　今この時ぞ天になげうつ
（我が人生七十年、喝！　吾がこの宝剣で、我、そして祖仏ともに殺していっさいを放下し、無にしてしまおう）

（筒井紘一『利休の逸話』）

辞世に対して、残された側が追悼の気持ちを込めて故人に送る言葉が、弔辞ということになります。

弔辞はとくに、「この人なしには、自分はここまで来られなかった」と言えるほど世話になった師匠に対して、弟子から送るものが感動を与えてくれます。私は『心に感じて読みたい送る言葉』という、弔辞を集めた本を出したことがあるくらいです。弔辞には送る側の人間性が滲み出ます。近年では、漫画家の赤塚不二夫さんの葬儀の際のタモリさんの弔辞が話題になりました。

その結びの言葉、「私もあなたの数多くの作品の一つです」は、タモリさんにとって赤塚先生がどういう存在であったのかを、見事に表していました。

その他、文豪から文豪へ、あるいは芸能やスポーツの世界でのよきライバルに送る弔辞なども、深い心情に触れることができます。

葬儀で述べられた弔辞ではありませんが、1960年に右翼少年に刺殺された浅沼稲次郎社会党委員長に対して、当時の池田勇人首相が衆議院本会議で追悼演説を行いました。残念ながら凶刃に倒れたよき好敵手を悼む、とても感動的な演説だったと言われています。

生涯の伴侶を失う悲しみ

生涯の伴侶との死別は、心に計り知れないダメージをもたらします。とくに、女性に比べて男性のほうが、深い心の傷を負うようようです。

印象では、妻に先立たれた夫が書く「追悼手記」のようなものはよくある一方、逆はあまりないように見受けられます。実は、妻に先立たれた夫より、夫に先立たれた妻のほうが、その後長生きするという調査結果もあるくらいです。

自殺した著名人について、その原因として妻に先立たれたことが大きく影響していると言われることもよくあります。文芸評論家の江藤淳さんは、1999年7月に、自宅にて手首を切って亡くなりました。前年暮れに夫人が亡くなって以来、気力を失っていったそうで、それがすべてではないにせよ、妻の死も大きかったのではないかと言われています。

夫の場合、それほど精神的に妻に頼っているのでしょう。妻を亡くした悲しみと喪失感について書かれたものを読むと、胸が痛みます。

気象庁を定年退職したのち、ＮＨＫのニュース番組の気象キャスターとして活躍した倉嶋厚さん。素朴な語り口ながらわかりやすく親しみやすい解説で、テレビのお天気情報のあり方を変えたとも言ってよい方です。「熱帯夜」という言葉を考案したのも倉嶋さんだそうです。

その倉嶋さんは、長年連れ添った奥様を急にガンで失ったショックで、うつ病を発症してしまいます。その経過をご本人が記した『やまない雨はない』によれば、妻の死後倉嶋さんは、どうしてもっと妻の心に寄り添ってあげられなかったのかと自責の念にかられ、遺影の前で「すまなかったね」「ごめんね」と謝り続けたそうです。

やがて倉嶋さんは死への強い衝動に取り憑かれてしまいます。

早く妻のもとへ行きたい。

死ねばすべての苦しみから解放される。

実際に遺書を整えて、マンションの屋上へ何度も通ったそうです。それでも死にきれなかった倉嶋さんは、精神科に入院し、やがて回復に向かっていきます。

倉嶋さんは「伴侶の死は誰もが経験することですが、今、まさにその喪失感に苦しんでいる人にとって、それは誰の苦しみともどんな苦しみとも比較しようのない、絶対的な苦しみです」といいます。

倉嶋さんは、この苦しみが永遠に続くのではないかと思っていたことでしょう。

「時間が解決してくれるよ」と言って慰めてくれた知人もいましたが、どんな言葉もそのときの私には虚ろに響くだけです。世の中には、たしかに時間が解決してくれるような悲しみもあるだろう。しかし私の悲しみは時が癒してくれるようなものではない。もっと特別で、もっと深い、決して癒されることのない悲しみなのだから、と。

「けれども」と倉嶋さんは書きます。「やはり時はいろいろなことを解決してくれるものです」と。暗いトンネルを抜け出した倉嶋さんは、その後適度な量の仕事に恵まれた

「小春日和」の日々を送ることができたのです。

倉嶋さんは2017年に亡くなります。93歳でした。

我が子の死を受け止める

お子さんを亡くされた方は、いよいよ取り返しがつかない心の傷を負ってしまいます。

1966年に連続して発生した航空機事故を追った『マッハの恐怖』（大宅壮一ノンフィクション賞受賞）などで知られる、ノンフィクション作家の柳田邦男さんは、御次男を自死で失います。柳田さんのお子さんは、中学生時代のある事故がきっかけで心を病んでしまい、10年以上苦しんだ末に自ら命を絶つことを選んだのでした。

意識不明の状態で発見されたお子さんは、救命の甲斐なく脳死に陥ります。医師から告げられた心停止までの期間は1週間。柳田さんは、次男が生前に抱いていた自己犠牲の精神を尊重して、臓器提供を決意するのです。

柳田さんはこの経験を手記『犠牲（サクリファイス）』という本にまとめています。

たとえば、自分の子どもに関するさまざまな悩みがあったとします。「この子はこうであっていてくれたら」「こんなことをしでかさなければ」――そんなときにこの本を読むと、「子どもが生きているだけでありがたい」という基本に戻れるはずです。

ＮＨＫの人物ドキュメント番組「１００年インタビュー」の柳田さんの回を書籍化した『悲しみは真の人生の始まり』によると、柳田さんはお子さんの死後の呆然とした状況で、ふと近所の書店に立ち寄ります。気がつくと児童書のコーナーに立っていて、そこでお子さんがまだ小さかった頃によく読み聞かせていた懐かしい絵本たちに再会します。

思わず手に取って中を見てみた柳田さんは、「喪失体験をし、その状況の中で絵本と出会い、絵本が語りかけてくる深いものに、はっと気づかされました」と語っています。

大人こそ絵本を読みなおすことで心の再生につながるのではないかと気づきました。心に潤いを取り戻していく。あるいは、人生を深く考えるきっかけとなったりします。

お子さんを亡くしたことによる強烈な心の傷を癒してくれるものとして、柳田さんに絵本というものが深く入ったのだと思います。その後柳田さんは、絵本の翻訳の仕事に積極的に取り組んでいきます。

絵本は大人も癒してくれる

私は柳田さんと対談でお会いしたことがありますが、智・仁・勇をバランスよく持たれている方だと感じました。知性があり、優しく、また時にはノンフィクション作家として、社会に対して勇気ある提言もされる素晴らしい方です。

その柳田さんが、心の深い痛みを絵本で癒したと聞くと、「絵本にはそんな力があるのだな」と改めて気づきます。

私自身、絵本の効用については、折りに触れて述べてきたつもりです。とくに子育てにおいて、情操教育は絵本を媒介にした親と子の対話を通して行うととても効果があると考えています。絵本には、とても深い世界を描きながら、過度の刺激がないという利点があるからです。

「大人向け絵本」と銘打たれたものはたくさんありますが、これからは読んで楽しいというばかりではなくて、心の痛みを癒してくれるものという観点で、絵本を見直してもよいでしょう。50歳になったら、自分の中に絵本ブームをつくってみても面白いと思います。

柳田さんに倣って、私も自分のための絵本をずいぶん買い集めてみました。そのなかには、実際に精神的にいい作用がありそうな絵本がたくさんありました。単純なポジティブシンキングではなく、不思議な物語だけど私の心の深い部分に触れてくる、といったものが多いように思います。

『ギルガメシュ王ものがたり』三部作は、人間の本質を描いた不朽の名作です。とりわけ第3巻『ギルガメシュ王さいごの旅』には、生と死について究極の教えがあります。また「リサとガスパール」シリーズは、心安らぐのでほぼ揃えました。好きな絵本は「心のお守り」になります。

河合隼雄さんは『昔話と日本人の心』で、人間の心は真っ白で生まれてくるのではなく、深層の部分には、代々受け継がれたものがあり、昔話や伝説・神話といったものは、その深層心理を反映していると述べています。

絵本も同じように、そのような心の深い部分に触れているものが多いような気がします。50代で絵本に接して、今まで手が届かなかった心の深い部分の傷を癒すことができたとしたら、柳田さんの提言は非常に有意義なものであったと思います。

試練に向き合う強さを学ぶ

生涯の伴侶の死も我が子の死も、体験しなければ決してわからないほどの心の傷をもたらすものです。そして精神医学の世界では、それ以上に心に破局的なストレスを与えるものとして、強制収容所体験を挙げています。

ヴィクトール・フランクルの『夜と霧』を読むと、「自分が試練とか不運とか言っていたものは、なんてちっぽけなものだったんだ」と打ちのめされることになるでしょう。ホロコーストという過酷な現実に巻き込まれ、妻や親族、友達も捕らえられた強制収容所で、フランクルは希望を失わずに生きていきます。

収容所に到着したユダヤ人たちを、ナチスの将校が指をかすかに右・左と動かして選別していきます。右側はすぐにガス室送り。左側は労働者として、ひとまずは命を長らえる。ほんのわずかな指の動きで生死が決められていたのです。

クリスマスと新年には、大量の死者が出ます。「クリスマスには解放されるかもしれない」「新年には家に帰れるんじゃないか」。そんな希望が打ち砕かれたことで、彼らは生きる力を失ってしまったのです。

フランクルの希望は、生きてまた妻に会えることでした。実際には妻は、別の収容所に移送されて亡くなってしまうのですが、フランクルは収容所にいる間、なんとか希望をつないで生き延びていったのです。

このように、極限状況を通じて生と死の意味を考えさせてくれるのが本書『夜と霧』です。そこまで自分は不幸ではないけれども、何かしら希望を見出して生きていくしかないというときには、フランクルが常に先生となって教えてくれるでしょう。人生の中で、少なからず試練に向き合っていると感じている人には、この本が愛読書になると思います。

私もまた、今でも折に触れてこの本を読み返しています。

ロンドン五輪のボクシング・ミドル級で金メダルを獲得したのちにプロに転向し、現在はＷＢＡ世界ミドル級王者である村田諒太選手は、この『夜と霧』を愛読書に挙げています。

この本のことを「愛読書として、何度も何度も繰り返しページを捲っています」という村田選手。いかに五輪金メダリストといえども、プロの世界は厳しくて、いろいろな障害を一つ一つ乗り越えなければならない。そのときに、過酷な状況の中でも決して希望を失わなかったフランクルの生き方を胸に刻むことによって、精神にエネルギーを注入していったのかもしれません。

死とは魂の解放である

ここまでは主に、自分にとってかけがえのない人の死に直面したとき、いかにその衝撃を受け止めるか、またその後に続く喪失の悲しみと、いかに付き合っていくかを考えてきました。しかし50歳になれば、いよいよ自らの死が現実のものとして迫ってきます。その不安や恐怖をいかに克服すればよいのでしょうか。

古代ギリシャの哲学者ソクラテスは、国家の信奉する神々を否定し、若者を堕落させたとして裁判で死刑宣告を受け、よく知られているように、毒杯をあおいで死亡します。ソクラテスの弟子であるプラトンが著した「ソクラテスの弁明」や「クリトン」を読んでいくと、ソクラテスは死ぬことをあまり怖がっていないことがわかります。納得がいかない死刑判決が出ても、それを受け入れる。そして死刑執行の前日、面会に訪れた親友のクリトンが脱獄を勧めたのに対し、「たとえ判決が不正なものであったとしても、自分は脱獄のような不正は犯さない」と言って拒否してしまうのです。

ソクラテスはどうやって死の恐怖を克服したのでしょうか。いや、ソクラテスはそもそも死を恐れてはいません。彼はこう考えています。

肉体とは一種の牢獄であり、魂こそが不変である。すなわち死とは、不自由な牢獄のような肉体から魂が自由になることである。この世のしがらみや身体を持つがゆえのいろいろな縛りから抜け出ることだから、全然つらいことではない――。

つまりソクラテスにとって、死は解放です。魂がその後どこへ行くのかはさておき、ソクラテスはこのように考えたのです。そして実際に死を恐れるそぶりなどまったく見せず、自分で毒を飲み、歩き回って静かにすっと死んでいきます。

またソクラテスは、「死がどういうものか知らないのに、恐れるのはおかしい。死んだことのある人が、死とはこういうものだと言ってくれるならいいが、いまだそんな人には会ったことがない」と裁判の中で言っています。知らないものについて不安を持つのは馬鹿馬鹿しいという考えです。ちなみに孔子も「未《い》まだ生を知らず。焉《いずく》んぞ死を知らん」と言っています。

不正な裁判によって不正な死刑判決を受けたにもかかわらず、それを何のストレスもなく受け入れる。「人類の教師」の一人に数えられるだけあって、ソクラテスは非常に大きな人格の持ち主です。人格が大きいといえば、私は西郷隆盛をイメージするのですが、ソクラテスもそれに似たものを持っています。

西郷の「命もいらず、名もいらず、官位も金もいらぬ人は、仕末に困るもの也。此の仕末に困る人ならでは、艱難《かんなん》を共にして國家の大業は成し得られぬなり」(「南洲翁遺訓」)という言葉にも、スケールの大きさを感じます。

その人のスケールということを考えたとき、ソクラテスや西郷のような大きな人が実在していたと思うと、何か安心できる気がします。

「いつでも死ねる」という美意識

江戸時代中期に成立した『葉隠』は、武士道を説いた書としてよく知られています。冒頭に置かれた一節、

武士道といふは、死ぬ事と見付けたり。

は、死というものを恐れずに生きる武士の死生観を表すものとして、あまりにも有名になりました。

ただしこれは、一種の逆説と考えることができます。死さえも恐れなくなったときに、真の精神の強さを獲得できる。いつ申し付けられても切腹ができるように覚悟しておかなければならない武士は、生と死であれば、常に死のほうに心を持っていけば、楽に生

きられるというわけです。

その練習に用いられたのが「肝試し」だったといいます。肝試しというのは伝統的には、墓場に行って、そこに置かれたさらし首に貼ってある紙を取ってくるということをしたようです。武士の子どもたちは、みんなでそういうことをやったらしい。

それを克服できたら、次にやることは介錯《かいしゃく》です。切腹する人の首を落とす。

これができて一人前とされるのですが、みなとても嫌がったそうです。怖がりというだけではなくて、武士にとって介錯は、上手にできて当たり前。失敗して、首が落ちなかったりしたら不名誉になってしまうからです。

それらの段階をこなして、一人前の武士として認められていったようです。

『葉隠』の中には、いろいろな自死の話が出てきます。そのなかには、若い武士が殿様から刀をもらったところ、その刀があまりにも高価なものだったので、若い武士は申し訳ないと思って自害した、といったエピソードが出てきます。今の私たちには、意味がよく理解できない自害のあり方です。

このようにかつて日本には、切腹という変わった習俗があり、そこでは独特の美意識が練られていきました。武士道のすべてがいいとは思いません。しかしそれらは極端な形ではあるものの、一つの死との向き合い方を示していると思います。

それは死というものを、老年になってから訪れるものではなくて、常に自分の背中に張り付いているようなものとして意識する。そしていつでも死ねると思うことで、死の恐怖を克服するという態度です。受け身で突然襲われる死ではなくて、積極的な死、つまり自分から望んで勝ち取る死を想定することでもあります。

妹を泣かせたくない

斎藤隆介の童話「ベロ出しチョンマ」は、幼い少年が死の間際に見せた、あまりにもけなげな妹への思いが胸を打つ作品です。

江戸時代、ある貧しい農村に住む12歳の長松《ちょうまつ》は、忙しい父母に代わって3歳の妹・ウメの面倒をよく見ていました。天候不順で2年続けての不作となったその年、急に年貢の引き上げを言いつけられ、村人たちはとても困っていました。

そこで長松の父・藤五郎は、村を代表して江戸将軍家への直訴に赴きます。このことによって一家は捕らえられ、わずか3歳のウメも含めて4人とも磔の刑に処せられることになってしまいます。

柱にくくりつけられて恐怖のあまり泣き出すウメに対して、長松は隣の柱からウメに「おっかなくねえぞォ」と言って、眉毛を下げて舌を出すおかしな顔を見せます。長松はいつもそれでウメを笑わせていたのです。その顔のまま、長松は槍で突かれて死んでいきます。

自分の死の恐怖より、妹を怖がらせないようにと考える心のあり方。最後まで、兄として妹を泣かせまいとする長松の責任感とやさしさが、心に響きます。

子どもに読ませていいものかとためらってしまうくらい、考えさせられる話です。タイトルは有名ですが、内容についてはご存じなかったという方も多いのではないでしょうか。大人になってから「ベロ出しチョンマ」を読むと、感銘を受けると思います。

守るべきもののために

戦没学徒兵の手記を収めた『きけ　わだつみのこえ』を読むと、みなこれから死んでいく自分のことばかりでなく、残された家族に対する思いをつづっていることに気づきます。

父母に親孝行できないことを詫び、弟や妹に向かって、自分に代わって親孝行してほしいと頼むといった内容の手紙がとても多いのです。

また、これからの日本をどうつくるかといったことに思いを馳せたものもありますし、国を称える言葉がある一方で、戦争へと突き進んでいった軍国主義を批判する声も見られます。

いずれにしても、自分の死が怖いといったレベルでは、誰も生きてはいないことがわかります。彼らは、自分たちが守らなければいけないものがあると理解して、死に赴いていったのです。

戦争における死や、先に述べた武家社会における死を、ことさら肯定するつもりはありません。しかし、そのなかで培われた死に対する美意識や心構えといったものは、日本に伝統として受け継がれています。今の私たちは、それらとは遠い生活をしていますが、私たちのそう遠くない祖先が、そうしたメンタリティで生きていたのです。

自分のことばかり考えていると、余計に死が怖くなります。しかし『きけ　わだつみのこえ』の学徒兵のように、あるいは「ベロ出しチョンマ」の長松のように、守るべきもののために死んでいくと考えれば、死の恐怖の克服につながると言えます。

死とは自意識の消滅に過ぎない

死とは自意識の消滅である。つまり、自分が生きているということ、その喜怒哀楽、それらを感じている意識が消えるだけなんだ——こう考えれば、なるほど寂しいことは寂しいけれども、それだけのことかもしれないとも思えてきます。

これは、生というものの中心に、自分の意識を置く考え方です。

福本伸行さんの人気麻雀漫画『アカギ』の主人公・赤木しげるは、特異なまでのメンタルの強さと「悪魔」とも称される直観力や強運で、裏ギャンブルの世界を勝ち抜いていきます。

この赤木は、福本先生の別の漫画である『天』にゲストキャラクターとして初登場しています。そこで主人公以上に人気となったことで、スピンオフ作品として『アカギ』

が生まれたのです。

実はその『天』では、すでに赤木の死が描かれています。そのとき赤木は、若年性の認知症を発症しており、症状が悪化して「赤木しげるとしての自分」が消える前に、自ら死を選びます。いろいろな治療を施した結果、自意識を失って体だけが生き続けるようなことはしたくない。この意識が途絶えるときが、自分の死ぬときだ。赤木はそう明確に自覚していたわけです。

赤木は「伝説の雀士」「神域の男」とまで言われるほどの、ギャンブルの強さの持ち主。彼にとって、自意識とは誇りそのものです。だからこそ、その自意識が消えた状態で生き続けることを受け入れられず、自分で人生の幕を下ろすという選択をしたということになります。

自意識が消えることを想像するのは、とても怖いことです。しかし、それをシンプルに捉え直せば、死というものの見え方も変わってくると思います。

自分が生きた痕跡を残す

死によって自分の存在が消えてしまうことが、恐ろしくてたまらないというのは、みなさんそうでしょう。それは、自分という存在を忘れられたくない、誰かの思い出にいつまでも残りたいということでもあると思います。

自分の痕跡を何としても残したいのであれば、方法はいろいろあります。写真をたくさん撮ったり、動画を残したり、たとえば山に登ったときに、頂上に自分の名前を書いた石を置いてくるのでもいいでしょう。

それはこの世への執着の表れだと言ってもよいでしょう。ブッダの教えに従うのであれば、この世に対する執着が薄ければ、死というものも軽くなる。だから、執着を落とすことで、死の恐怖を乗り越えていく、というやり方になると思います。

とはいえ痕跡を残したいと考えている人に、「この世への執着を捨てて、すっと消え入りたいと思ったほうが楽ですよ」と言っても、聞き入れてはくれないでしょう。だから、痕跡を残すことで死の恐怖が軽くなるのであれば、徹底して残せばいいと思います。

「自分が死んだら、これを一緒に焼いてくれ」と言い残す人もいます。バブルの絶頂期、オークションでゴッホとルノアールの名画を莫大な金額で手に入れたうえで、それらを

「死んだら棺桶に一緒に入れて焼いてくれ」と発言して物議を醸した経営者の方もいました。

そういう方の多くは、生前に処分できるものは全部処分しておいて、最後に残した一番大事なものを、自分と一緒に焼いてほしいと願うのです。何かを残したいのではなくて、何かと共に旅立ちたいということです。

つまり、この世に痕跡を残さなくても満足できるということです。死後の世界に自分と一緒に持っていきたいものがある時点で、まだ完全な悟りには至っていないと言えるかもしれません。しかし、自分にとって一番大事なものを選び、他のものは捨てていいと思えるのは、ある種の悟りの境地には近づいていると言えそうです。

自分の人生に対してそうやって整理をつけるというのも、一つのやり方だと思います。

私たちの役割

この世になんとかして自分の痕跡を残したいとすれば、やはり自分のＤＮＡを残すということになると思います。それを極端に拡大すると、膨大な子孫を残す。ＤＮＡという最高の痕跡を、とにかく残して残して残しまくる。それはとんでもないほど強い欲望です。

モンゴル帝国の初代皇帝チンギス・ハンは生涯で数百人もの子どもをもうけました。さらに、イギリスの大学の遺伝学研究チームによれば、そのDNAは現代のアジア男性約1600万人が保有しているというのです。モンゴルでは、今も暮らしている人のかなりの割合が、チンギス・ハンの末裔ということになります。「だからモンゴル人はみんな相撲が強い」とはならないでしょうが、面白いです。

リチャード・ドーキンスの『利己的な遺伝子』は世界中に影響を与えました。そのなかの「人間は遺伝子の乗り物である」という主張には、誰もが衝撃を受けました。私たちは、DNAを運ばされているのに過ぎず、個人にはあまり意味がない。男性が女性を選ぶのも女性が男性を選ぶのも、自分の遺伝子を修正したいからだ、といった記述を読むと、人間とは何なのかということを考えさせられます。

チンギス・ハンほどの自我の強さがあれば、「俺のDNA」を運ばせているんだと言えるかもしれませんが、私たちのレベルでは、いかに頑張って何かをなし遂げたとしても、所詮はDNAを運んだに過ぎないんだな、という思いも湧いてきます。

あるいは、主体はミトコンドリアだという考え方もあります。小説『パラサイト・イヴ』で話題を呼んだ瀬名秀明さんと、分子細胞生物学者の太田成男さんとの共著である『ミトコンドリアのちから』を読むと、ミトコンドリアを生かすために人間は存在しているのではないかと思ったりもします。

ミトコンドリアは、人間など生物の細胞内にあり、酸素呼吸からエネルギーを生産するのに重要な働きをしている小器官です。もともとは別の生物だったものが、進化の過程で人間の遠い祖先の中に入り込んだことがわかっています。

人間はミトコンドリアなしには生きていけず、このミトコンドリアは遺伝を通じてすべての世代に受け継がれていきます。考えようによっては、人間はミトコンドリアを生かすための道具に過ぎないのではないかという疑問も生まれてきます。

さらに進めていくと、私たちはどんなに焼いても何をしても、素粒子としては残ります。そうすると、意識というものはたまたま持ち得たものなのではないか。もっと大きな流れの中に、私たちは位置づけられるのではないか。

死について考えていくと、私はどこからどこまでが私なのか、人間はどこからどこまでが人間なのか、という深遠な問いも生まれてきそうです。

名前を残す

昔の日本人は、孫の顔を見ることができれば、もうこの世での自分の役目は終えたと納得できたそうです。そして、安らかに亡くなっていきました。

もちろんその頃にDNAを残すという概念はありませんでしたが、代わりに家を存続させるという、個を超えた大きな流れをつなげる意識がありました。

家に従属するという生き方は不自由かもしれません。しかし、自分という個が消えても家が残るという意味では、救いになっていたはずです。

私の故郷である静岡に、鈴与《すずよ》という会社があります。静岡を代表する一大企業グループを成していて、Jリーグ清水エスパルスの運営母体でもあります。

この鈴与は、1801年の創業以来200年以上にわたって、創業者である鈴木与平の名前を経営トップが引き継いでいるという特徴を持っています。つまり、いつの時代も社長の名前は「鈴木与平」で、外から跡取りとして養子に迎えられた者も「鈴木与平」を「襲名」するといった具合です。

現在は、8代目の鈴木与平さんが代表権のある会長に就き、そのご子息が代表権のある社長を務めています。この現社長は与平の名前を持っていないのですが、今後どうなるのでしょうか。

こうなってくると、個としての名前という以上に役職名のようなものですね。その名前は個としてのアイデンティティではなく、守るべきものを象徴しているわけです。

私はとても興味深いと思います。個を超えたものに個を溶かしていき、役割を果たしていく。旧家であれ、老舗のお店であれ、第何代当主といった形で伝統を受け継ぎ、それを次の世代にきちんと引き渡せたら、自分の役割は終わり。

そのなかでは、自分の個としての死はそれほど重要事ではなくなるでしょう。

私たちの多くは、もちろん私も含め、受け継ぐべき何物も持たない人生かと思います。それに対して、責任は重大ですが、何か受け継ぐべきものを持ち、大きな流れの中に身を委ねることができる人は、とても幸せだと思います。

おわりに

本文では触れられなかったのですが、50歳で直面する人生の危機を乗り越える方法がもう一つあります。「脱力」することです。

50歳になれば、世の中とはどういうものか、すでにわかっています。これからの人生で何が起ころうとも「今まで死なずにやってきたんだから、力んで迎え撃つというほどのこともないか」と鷹揚に構えることができるはずです。

言ってみれば、ベテランのサッカー選手が試合の中でスタミナ配分するようなものです。90分間ずっと走り続けることは難しくても、ここぞというところで動いてゴールを決める。そういった効果的な力の抜き方が、仕事でもプライベートでもできるといいと思います。

私はいろいろ練習した結果、脱力を技化できるようになりました。

例を挙げると、私は30代、40代の頃、サッカーの日本代表戦を見ていると怒りが止まりませんでした。応援そっちのけで、「何でそこでシュートを打たないんだ」「この状況でその選手交代はないだろう」と、罵詈雑言をテレビに浴びせていたのです。

考えてみれば、サッカーという競技の性質上、ほとんどの失点にはミスが絡んでいます。つまり、どうしたって怒る要素があるわけです。

怒ってばかりいたらとても身が持ちませんから、私は本文で触れたアドラー心理学の「課題の分離」を当てはめてみることにしました。

「自分は日本代表の監督ではないし、日本サッカー協会の会長でもないわけだから、これは自分の課題ではない」「選手一人一人が成功して何億円も稼ごうが、失敗してクラブをクビになろうが、自分にはこれっぽっちも関係ない」と考える。

そして怒りが湧いてくる瞬間に、怒るのではなく「ないわ、これ」と笑うようにする。そういう切り替えをできるようにしました。

つまり決してシニカルになったのではなく、真剣に応援はするのですが、ミスには目をつぶり、うまくいったところだけは大喜びするという観戦の仕方を身に付けられたのです。観戦歴30年を超えて、ようやくここに至ったというわけです。

2018年のW杯ロシア大会においては、決定的なミスによる失点の場面でも、怒りがまったく湧かないという境地に至りました。なんと家族からも褒められたのです。「ついに落ち着いて見られるようになったか」と。

「高齢になるとキレやすくなる」とよく話題になります。脳の研究者によると、怒りの感情は脳の「大脳辺縁系」という部分で作られます。それを抑制する役目を果たすのが「前頭葉」なのですが、前頭葉は年齢とともに機能が低下することがある。それによって感情が制御できなくなるというのです。

前頭葉を鍛えることができるのかどうかはわかりませんが、まずは誰もが年とともに怒りっぽくなることをきちんと自覚して、何か起こっても「これは自分の問題ではない」とつぶやきながら力を抜くのがよいと思います。

私は呼吸法の研究者で『息の人間学』『呼吸入門』といった本も出しているのですが、吐く息中心の丹田呼吸法はセロトニンを活性化させ、心の平静をもたらすと言われています（有田秀穂『50歳から脳を整える』）。

おへその下に手を当てて、吐く息とともに否定的な感情が出ていくようイメージすると、50歳以降を生きる「脱力スタイル」を実感できます。

力が抜けて、意識がバランスよく秩序づけられた状態を「フロー」と呼びます（ミハイ・チクセントミハイ『フロー体験 喜びの現象学』）。仕事をフローが生じる活動に変換すると、遊びのように生活が楽しくなります。

50歳を越えて、やがて孤独が現実のものになります。どんどん友達付き合いが減ったり、子どもが独立して家族の人数も減ったりしていきます。

そこで友達がいないことに不安を抱いてしまった瞬間に、本当に孤独感が強まってしまいます。もちろん友人関係はあったほうがいいと思いますが、私自身は友人関係を積極的に広げようというタイプではありません。

むしろ心地よいのは誰とも知らない人との連帯感です。私は本にしろ映画にしろ音楽にしろ、マイナーな作品を愛します。これまでCDをかけながら「今この曲を聴いているのは、世界中で自分だけに違いない」と悦に入ったりしていたものです。ところが今の時代、ネット上で同好の士を見付けるのはたやすくなりました。ＹｏｕＴｕｂｅのコメント欄を見ていくと、私とまったく同じ感想を書き込んでいる人がどれだけ多いことか。だからといって交流までする必要はありません。個人的なつながりがないにもかかわらず連帯感を感じるのがよいのです。

あるいは読書によって、偉人たちとの時空を超えた魂の共感を得ることもできます。「あなたも最後はこんなふうに自分の思いを伝えようとしたのですね。その言葉は今自分が受け取ったから大丈夫ですよ、ゲーテおじさん」とつぶやくようにして、エッカーマンの『ゲーテとの対話』を読む。あるいは「こんなに物がわかっていたら頭がおかしくなるよね。あなたの思いは多少なりとも受け取りますから、安らかにお眠りください、ニーチェさん」と言って『ツァラトゥストラ』を読む。

こういった関係性をつくりやすい状況では、友達がいないことの孤独は、それほど大きな問題ではないとも思えます。

孤独への特効薬はなんといっても読書です。読書は一人でやるものですから、一人の時間が多いほどありがたい。おすすめしたいのは、自分のタイプに合う人生のモデルを見つけることです。

たとえば良寛を、50歳以降の心の師と仰いでもいいでしょう。

この里に　手まりつきつつ　子供らと　遊ぶ春日は　暮れずともよし

このような良寛が詠んだ四季折々の歌をかみしめながら、人生の後半戦を良寛と共に歩むのです。

これはもう「孤独」というよりは、一人の時間を味わい尽くす贅沢な営みです。人生の深い意味がわかるということが、50歳からの何よりの良さだと思います。

もう一つ。そうはいっても50歳はまだまだエネルギーが残っています。嘉納治五郎は「精力善用」という言葉を大事にしていました。みなさんも次の世代に残していくものは何かと考えて、そこに残されたエネルギーを注いでいくとよいと思います。決して

「小人閑居して不善をなす」とならないように。

この本が形になるにあたっては、松本秀介さん、そして前著に続いて「朝日新書」編集部の宇都宮健太朗さんと星野新一さんから大きなご助力をいただきました。ありがとうございました。

2018年8月

齋藤　孝

映像

第1章

「24 –TWENTY FOUR–」2001〜2014年、米・FOX

第2章

「じゅん散歩」2015年〜、テレビ朝日

第3章

「プレバト!!」2012年〜、MBS

「砂の器」1974年、松竹

「浮草」1959年、大映

第4章

「ホンマでっか!? TV」2009年〜、フジテレビ

「モンテ・クリスト伯 —華麗なる復讐—」2018年／フジテレビ

「空飛ぶタイヤ」2018年／松竹

音楽

第3章

『歌姫』シリーズ　中森明菜／1994年〜、MCAビクター、ユニバーサルミュージック

『FIXER』中森明菜／2015年、ユニバーサルミュージック

『Belie』中森明菜／2016年、ユニバーサルミュージック

『明菜』中森明菜／2017年、ユニバーサルミュージック

「フラメンコ・ア・ゴーゴー」『フラメンコ・ア・ゴーゴー』スティーブ・スティーブンス／1999年、米・Ark 21

※書籍については、複数の文庫に収録されている作品が多数あります。

『利休の逸話』筒井紘一／淡交社
『やまない雨はない』倉嶋厚／文春文庫
『マッハの恐怖』柳田邦男／新潮文庫
『犠牲（サクリファイス）――わが息子・脳死の11日』柳田邦男／文春文庫
『悲しみは真の人生の始まり――内面の成長こそ』柳田邦男／PHP研究所
『ギルガメシュ王ものがたり』全3巻　ルドミラ・ゼーマン文絵、松野正子訳／岩波書店
「リサとガスパール」シリーズ　アン・グットマン文、ゲオルグ・ハレンスレーベン絵、石津ちひろ訳／ブロンズ新社
「昔話と日本人の心」『〈物語と日本人の心〉コレクションⅥ〉定本 昔話と日本人の心』河合隼雄著、河合俊雄編／岩波現代文庫
『夜と霧』ヴィクトール.E.フランクル著、霜山徳爾訳／みすず書房
『ソクラテスの弁明・クリトン』プラトン著、久保勉訳／岩波文庫　他
『西郷南洲遺訓 附 手抄言志録及遺文』山田済斎編／岩波文庫　他
『葉隠』全3巻　和辻哲郎、古川哲史校訂／岩波文庫　他
「べロ出しチョンマ」『斎藤隆介童話集』斎藤隆介／ハルキ文庫
「きけ わだつみのこえ」『新版 きけ わだつみのこえ――日本戦没学生の手記』日本戦没学生記念会／岩波文庫
『アカギ――闇に降り立った天才』全36巻　福本伸行／近代麻雀コミックス
『天――天和通りの快男児』全18巻　福本伸行／近代麻雀コミックス
「利己的な遺伝子」『利己的な遺伝子 40周年記念版』リチャード・ドーキンス著、日髙敏隆、岸由二、羽田節子、垂水雄二訳／紀伊國屋書店
『パラサイト・イヴ』瀬名秀明／新潮文庫
『ミトコンドリアのちから』瀬名秀明、太田成男／新潮文庫

おわりに

『息の人間学――身体関係論〈2〉』齋藤孝／世織書房
『呼吸入門』齋藤孝／角川文庫
『50歳から脳を整える』有田秀穂／成美文庫
『フロー体験 喜びの現象学』M.チクセントミハイ著、今村浩明訳／世界思想社

『風土』和辻哲郎／岩波文庫
「無能の人」『つげ義春コレクション 近所の景色／無能の人』つげ義春／ちくま文庫　他
『橘曙覧全歌集』水島直文、橋本政宣編注／岩波文庫
『新訂 一茶俳句集』丸山一彦校注／岩波文庫　他
『蕪村俳句集』尾形仂校注／岩波文庫　他
『存在と時間』ハイデガー著、熊野純彦訳／岩波文庫　他
『監獄の誕生――監視と処罰』ミシェル・フーコー著、田村俶訳／新潮社
『まんだら屋の良太』全53巻　畑中純／ゴマブックス（電子書籍）　他
『玄界遊侠伝 三郎丸』全15巻　畑中純／ゴマブックス（電子書籍）　他
『夜這いの民俗学・夜這いの性愛論』赤松啓介／ちくま学芸文庫
『ソロモンの指環――動物行動学入門』コンラート・ローレンツ著、日高敏隆訳／ハヤカワNF文庫
『やめないよ』三浦知良／新潮新書
第4章
『完全なる経営』A.H.マズロー著、金井壽宏監訳、大川修二訳／日本経済新聞社
『罪と罰』全3巻　ドストエフスキー著、亀山郁夫訳／光文社古典新訳文庫　他
『ジュン』全５巻　石ノ森章太郎／ポット出版
「風のように…」石ノ森章太郎（『漫画家が見た手塚治虫』秋田書店刊所収）
『ブラック・ジャック』全25巻　手塚治虫／少年チャンピオンコミックス　他
『孤島』ジャン・グルニエ著、井上究一郎訳／筑摩叢書
第5章
『カラマーゾフの兄弟』全５巻　ドストエフスキー著、亀山郁夫訳／光文社古典新訳文庫　他
『ドストエフスキーの人間力』齋藤孝／新潮文庫
第6章
『あしたのジョー』全12巻　高森朝雄作、ちばてつや画／講談社漫画文庫　他
「留魂録」『吉田松陰 留魂録』古川薫全訳注／講談社学術文庫　他
『東海道中膝栗毛』全２巻　十返舎一九作、麻生磯次校注／岩波文庫　他
『心に感じて読みたい送る言葉』齋藤孝／創英社=三省堂書店

本書で取り上げた作品

書籍

第１章

『楢山節考』深沢七郎／新潮文庫

『ミケランジェロの生涯』ロマン・ロラン著、高田博厚訳／岩波文庫

『セザンヌ』アンリ・ペリュショ著、矢内原伊作訳／みすず書房

『学問のすゝめ』福沢諭吉／岩波文庫　他

『学問のすすめ 現代語訳』福澤諭吉著、齋藤孝訳／ちくま新書

『文明論之概略』福沢諭吉著、松沢弘陽校注、岩波文庫　他

「福翁自伝」『新訂 福翁自伝』福沢諭吉著、富田正文校訂／岩波文庫　他

「痩我慢の説」『明治十年 丁丑公論・瘠我慢の説』福沢諭吉／講談社学術文庫

「山月記」『山月記・李陵 他九篇』中島敦／岩波文庫　他

『論語』齋藤孝訳／ちくま文庫

第２章

『歴史とは何か』E.H.カー著、清水幾太郎訳／岩波新書

『ゲーテとの対話』全３巻　エッカーマン著、山下肇訳／岩波文庫　他

『こころ』夏目漱石／岩波文庫　他

『日本人の死生観』全２巻　加藤周一、M.ライシュ、R.J.リフトン著、矢島翠訳／岩波新書

『ツァラトゥストラ』ニーチェ著、手塚富雄訳／中公文庫　他

『この人を見よ』ニーチェ著、手塚富雄訳／岩波文庫　他

第３章

『退屈力』齋藤孝／文春新書

『ラッセル幸福論』安藤貞雄訳／岩波文庫　他

「一握の砂」『新編 啄木歌集』久保田正文編／岩波文庫

『山の人生』柳田国男／角川ソフィア文庫

『先祖の話』柳田国男／角川ソフィア文庫

「アニミズム再考」梅原猛（国際日本文化研究センター発行 「日本研究 第１集」所収）

齋藤　孝 さいとう・たかし
1960年、静岡県生まれ。東京大学法学部卒業。同大学院教育学研究科博士課程等を経て、現在明治大学文学部教授。専門は教育学、身体論、コミュニケーション論。日本語ブームをつくった『声に出して読みたい日本語』（草思社／毎日出版文化賞特別賞）をはじめ、ベストセラー著書が多数ある。テレビ・ラジオ・講演等多方面で活躍。

朝日新書
684

50歳《さい》からの孤《こ》独《どく》入《にゅう》門《もん》

2018年9月30日第1刷発行
2022年7月20日第6刷発行

著　者　齋藤　孝

発行者　三宮博信
カバーデザイン　アンスガー・フォルマー　田嶋佳子
印刷所　凸版印刷株式会社
発行所　朝日新聞出版
〒104-8011　東京都中央区築地5-3-2
電話　03-5541-8832（編集）
03-5540-7793（販売）

Published in Japan by Asahi Shimbun Publications Inc.
ISBN 978-4-02-273777-9
定価はカバーに表示してあります。

落丁・乱丁の場合は弊社業務部(電話03-5540-7800)へご連絡ください。
送料弊社負担にてお取り替えいたします。